中等职业教育规划教材

数控车床加工技术

主　编　金雪龙　李大卫　郝东升
副主编　谭振瑜　杨家敏　梁自成
许华杰　徐　波　张美荣
车国柱　徐大山　吴　锋
参　编　伍日堂　包丽芬　朱敬忠
严吕亮　张继绪

中国人民大学出版社
·北京·

前　　言

制造自动化是先进制造技术的重要组成部分，其核心技术是数控技术。随着数控技术的发展，国内数控机床用量的迅速增加，亟需培养一大批熟悉并掌握数控加工工艺、数控机床编程、操作和维护的应用型高级技术人才。为深化职业教育改革，培养与我国现代化建设相适应的、在制造领域中从事技术应用的人才，我们在总结机械专业人才培养模式的基础上编写了本教材。

本书是以华中世纪星操作系统为基础编写的，始终坚持以就业为导向，以职业能力培养为核心的原则，将数控车削加工工艺和程序编制方法等专业技术能力融合到教学项目中。教材内容的编写主要体现以下几方面特点：

1. 围绕数控车床的岗位要求进行项目的取舍。把提高学生的职业能力放在突出位置，围绕数控编程、加工工艺两大部分进行展开，同时强化数控车削加工工艺知识和训练，使学员通过学习逐步形成职业能力。

2. 通过项目驱动的组织形式分散难点。本教材的组织形式是设置若干个项目，每个项目都以一个实际零件的加工任务为核心引出新的数控指令和数控工艺知识。在多个零件加工项目的驱动下，完成对数控车削加工的相关知识的掌握。

3. 采用理论实践一体化教学。本教材以数控加工技术应用与操作能力的培养为主要目标，专业知识内容以够用、必需为度，具有较强的针对性和适应性。

4. 采用由浅入深、深入浅出、循序渐进的编写风格。本教材结合数控车床操作工职业技能资格考核标准进行实训操作的安排，注重提高学生的实践能力和岗位就业竞争力。

5. 紧扣数控加工技术的岗位（群）新需求，科学合理地安排教材内容，融合相关数控新技术、新设备、新材料、新工艺等内容，缩短学校教育与企业需要的距离，更好地满足企业的需要。

由于时间仓促，加上编写者水平有限，书中错误在所难免，欢迎读者批评指正。

目　　录

项目一　数控车床的基本知识

项目目标

1. 了解数控车床各组成部分及功能。
2. 知道数控车床的工作原理。
3. 熟悉车间安全文明操作规范。
4. 掌握华中世纪星（HNC-21T）数控车床的基本操作。

任务一　认识数控车床

数控车床又称 CNC（Computer Numerical Control）车床，即用计算机数字控制的车床。数控车床是目前国内外使用量最大、覆盖面最广的一种数控机床，约占数控机床总数的 25%。

数控车床主要用于旋转体工件的加工，一般能自动完成内外圆柱面、内外圆锥面、复杂回转内外曲面、圆柱圆锥螺纹等轮廓的切削加工，并能进行车槽、钻孔、车孔、扩孔、铰孔、攻螺纹等加工。

一、数控车床与普通车床的比较

图 1—1 所示为普通车床与数控车床的外观图。

由图 1—1 可以看出，普通车床与数控车床在外观上存在几个明显的不同：

（1）数控车床有数控装置。

（2）数控车床有安全防护罩。

（3）数控车床有直接手动控制的手摇轮。

（4）数控车床的外观更加美观。

（5）若打开数控车床的防护门，还可发现数控车床的刀架为电动刀架，驱动丝杠为滚珠丝杠，生产型数控车床的卡盘为液压卡盘，数控车床的尾座为液压尾座。这些结构上的不同都是为了实现数控车床高效、高精度的加工而设计的。

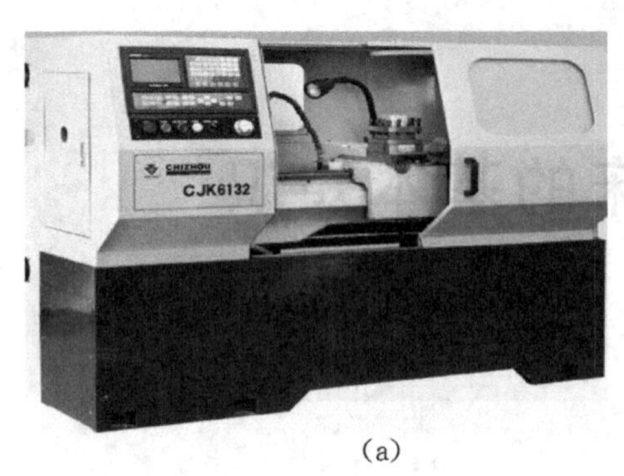

(a)

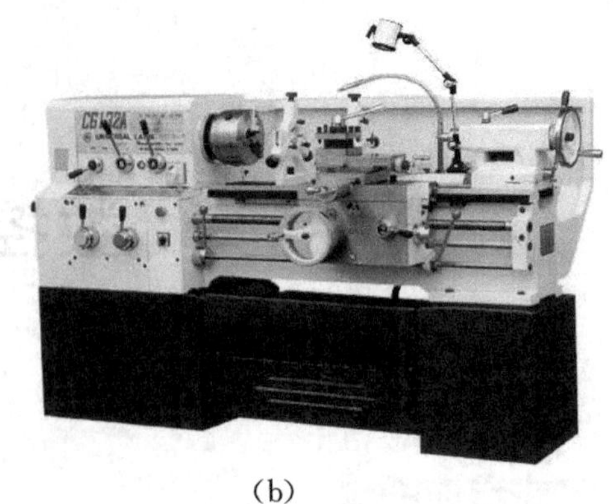

(b)

图 1—1

二、数控车床的组成与工作过程

图 1—2 所示为一台普通数控车床，型号为 CK6132A。图 1—2 中标出了该数控车床的基本组成部分。为了正确使用和操作此类数控车床，必须熟悉数控车床的组成、工作过程，了解数控车床的特点及种类。

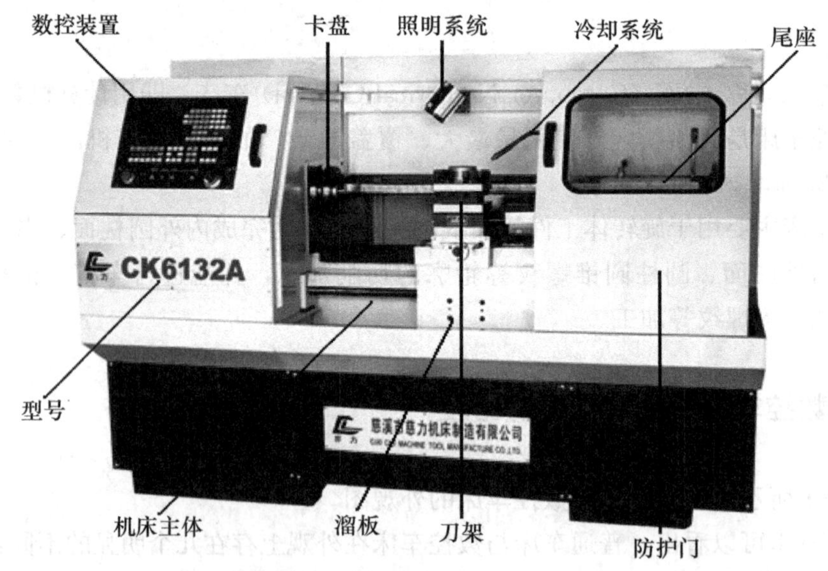

图 1—2

1. 数控车床的组成

图 1—3 为数控车床结构图，一般由输入/输出设备、数控装置（或称 CNC）、伺服单元、驱动装置（或称执行机构）及电气控制装置、辅助装置、机床本体、测量反馈装置等组成，其中除机床本体之外的部分统称为计算机数控系统。

具体讲，数控机床的系统包括以下几点。

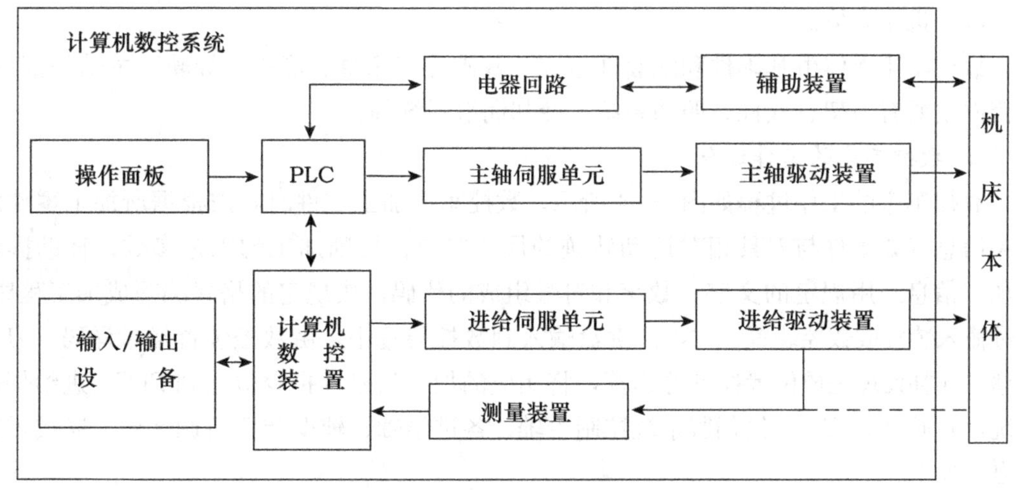

图 1—3　数控车床结构图

（1）输入/输出设备。

输入/输出设备是计算机数控系统与外部设备进行信息交互的装置。交互的信息通常是零件加工程序，即将编制好的零件加工程序输入计算机数控系统，或将调试好的零件加工程序通过输出设备存放或记录在相应的控制介质上。

（2）数控装置。

数控装置是数控车床的核心，由硬件和软件两部分组成。它接收输入装置输入的加工信息，将其加以识别、存储、运算并输出相应的控制，使机床按规定的要求操作。

（3）主轴伺服驱动系统。

主轴伺服驱动系统是数控系统的执行部分，它包括主轴驱动单元和主轴电机。目前数控车床主轴伺服系统有机械调速（普通电机）、变频调速、数字伺服调速等几种形式。

（4）进给伺服驱动系统。

进给伺服驱动系统是数控系统的执行部分，包括进给伺服驱动单元和伺服电机。它将数控装置发来的各种动作指令，经过信号放大后，驱动伺服电机实现机床移动部件的进给运动。

（5）PLC 装置。

可编程控制器简称 PLC。数控机床通过数控装置和 PLC 装置的共同作用来完成控制功能，PLC 装置主要完成与逻辑运算有关的一些动作。

（6）位置检测系统。

位置检测系统的作用是将机床的实际位置、速度等参数检测出来，转变成电信号，反馈到数控装置，通过比较，检查实际位置与指令位置是否一致，并由数控装置发出指令，修正所产生的误差。常用位置检测元件有光栅、光电编码器、感应同步器、旋转变压器、磁栅尺等。

（7）机床本体。

数控车床本体由基础件和配套件组成。基础件有床身、溜板、导轨、主轴等部件；配套件主要有刀架、丝杠、照明系统、冷却润滑系统等。

2. 数控车床的工作过程

数控车床的工作过程如图 1—4 所示。数控车床加工零件时，需根据所加工零件的有关信息（如工件与刀具相对运动轨迹的尺寸参数；切削加工的工艺参数；辅助操作等加工信息）用规定的文字、数字和符号组成的代码，按规定的格式编写成加工程序，通过输入装置或数控装置（CNC）键盘输入到数控装置中，由数控装置经过译码、刀补处理、插补处理完成位置控制等运算，将相应的加工信号及指令输送到 PLC、进给伺服系统，并通过 PLC、进给伺服系统控制主轴、各进给轴、辅助装置协调运作，完成零件的自动加工。

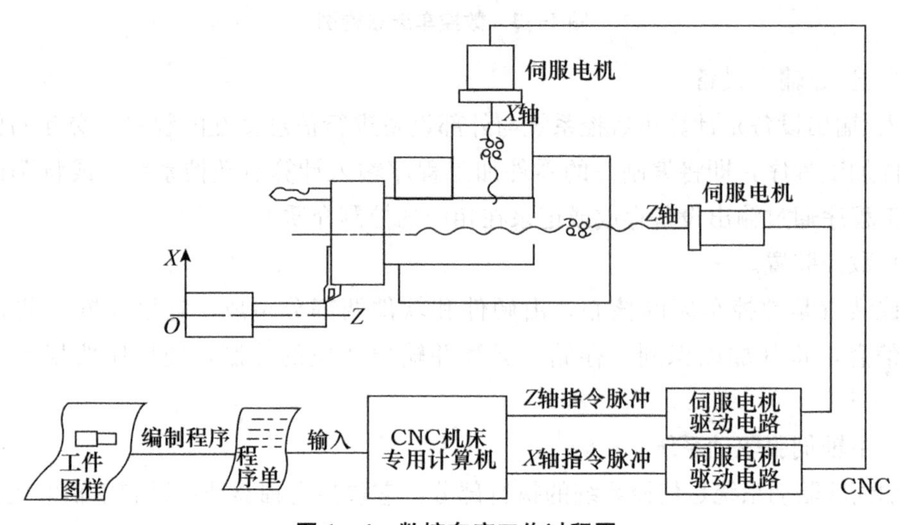

图 1—4 数控车床工作过程图

三、数控车床的特点

数控车床是实现柔性自动化的重要设备，与变通车床相比，数控车床有以下几个特点。

1. 适应性强，适合加工多品种、小批量复杂工件

数控车床在更换产品（生产对象）时，只需要改变数控装置内的加工程序、调整有关的数据就能满足新产品的生产需要，无需改变机械部分和控制部分的硬件。这不仅满足当前产品更新更快的市场竞争需要，而且较好地解决了单件、中小批量和多变产品的加工问题。

2. 加工精度高，产品质量稳定

数控车床本身的精度都比较高，中小型数控车床的定位精度可达 0.005mm，重复

定位精度可达 0.002mm，而且还可利用软件进行精度校正和补偿，因此，可以获得比机床本身精度还要高的加工精度和重复精度。数控车床又是按预定程序自动工作的，加工过程无需人工干预，因此工件的加工精度全部由机床保证，消除了操作者的人为误差，因而加工出来的工件精度高、尺寸一致性好、质量稳定。

3. *生产效率高*

数控车床具有良好的结构特性，可进行大切削用量的强力切削，有效节省了基本时间；还具有自动变速、自动换刀和其他辅助操作自动化等功能，缩短了辅助时间，比普通车床的生产率高 5～10 倍。

4. *自动化程度高，劳动强度低*

数控车床的工作是按预先编制好的加工程序自动连续完成，操作者除了输入加工程序或操作键盘、装卸工件、关键工序的中间检测以及监督机床运行之外，无需进行繁杂的重复性手工操作，劳动强度与紧张程度均可大为减轻，加上数控车床一般都具有较好的安全防护、自动排屑、自动冷却和自动润滑装置，操作者的劳动条件也大为改善。

四、数控车床的加工范围

数控车床主要用于轴类、盘类等回转体零件的加工，如完成各种内外圆柱面、圆锥面、圆柱螺纹、圆锥螺纹、槽、铰孔等加工；还可以完成普通车床上不能完成的各种非圆曲面构成的回转面、非标准螺纹、变螺距螺纹等表面加工。数控车床特别适合于形状复杂、多品种、小批量零件的加工。如图 1—5 所示。

图 1—5　数控车床加工的零件

任务二　数控车床操作职业规范

一、安全文明操作规范

具体操作规范如下：

（1）工作前认真检查机床的油泵、润滑、油量、油管、刀具是否正常和完好。

（2）机床通电后，要对机床进行预热，然后回零，再试运行确认机床运转正常。

（3）认真检查程序、参数、动作、工件装夹、开关保护等环节是否正确，调试好后，要做好程序的保护工作。

（4）工件装夹要牢靠，防止工件飞出造成事故，装夹工件后要将卡盘扳手拿开，以免主轴旋转后甩出造成事故。

（5）自动循环加工的应管好保护门。

（6）机床操作时，若出现严重故障，应迅速断电、保护现场、及时上报，并做好事故记录。

（7）工作完成后，应将机床进行整理、清扫、工作，并认真填写好工作日志。

二、执行“7S”职业规范

在日常生产实习工作过程中，要严格执行7S职业规范要求，消除各类安全生产隐患，构建和谐的生产环境，培养一流的职业素养。

“7S”就是整理（Seiri）、整顿（Seiton）、清扫（Seiso）、清洁（Setketsu）、素养（Shitsuke）、安全（Safety）、节约（Saving）的意思，简称“7S”。

1. 整理

将学习、生活、实训场所的所有物品区分为“有必要的”和“没有必要的”，除了有必要的留下来，其他的都清理掉。目的：腾出空间，活用空间，防止误用，塑造清爽的学习场所。

2. 整顿

把留下来的必要用的物品依规定位置摆放整齐，并加以标示。目的：学习场所一目了然、整整齐齐，消除寻找物品的时间。

3. 清扫

将学习、生活、实训场所内看得见与看不见的地方清洁干净，保持学习场所干净、整洁的环境。目的：稳定品质，减少环境损害。

4. 清洁

随时关注自己在学习、生活、实训场所的行为，自我约束。目的：维持上面 3S 成果。

5. 素养

每位学生养成良好的习惯，并遵守规范做事，培养积极主动的精神。目的：培养有好习惯、遵守规范的素质，营造团队精神。

6. 安全

重视安全教育，每时每刻树立“安全第一”观念，防患于未然。目的：建立安全的学习和生活的环境，保证学生健康成长。

7. 节约

节约时间，投入生产实训学习；节约物质、不浪费材料；节约能源，不浪费水、电。

任务三　华中世纪星（HNC-21T）数控车床的基本操作

一、华中数控 HNC-21T 的面板介绍

华中数控 HNC-21T 的面板介绍如图 1—6 所示，它由显示屏、机床控制面板、数据输入键盘和功能软键组成，其中显示屏主要用来显示相关坐标位置、程序、图形、参数、诊断、报警等信息。而各功能按钮包括字母键、数值键以及功能按键等，可以进行程序、参数、机床指令的输入及系统功能的选择。通过各种功能按钮可执行简单的操作，直接控制数控机床的动作及加工过程。

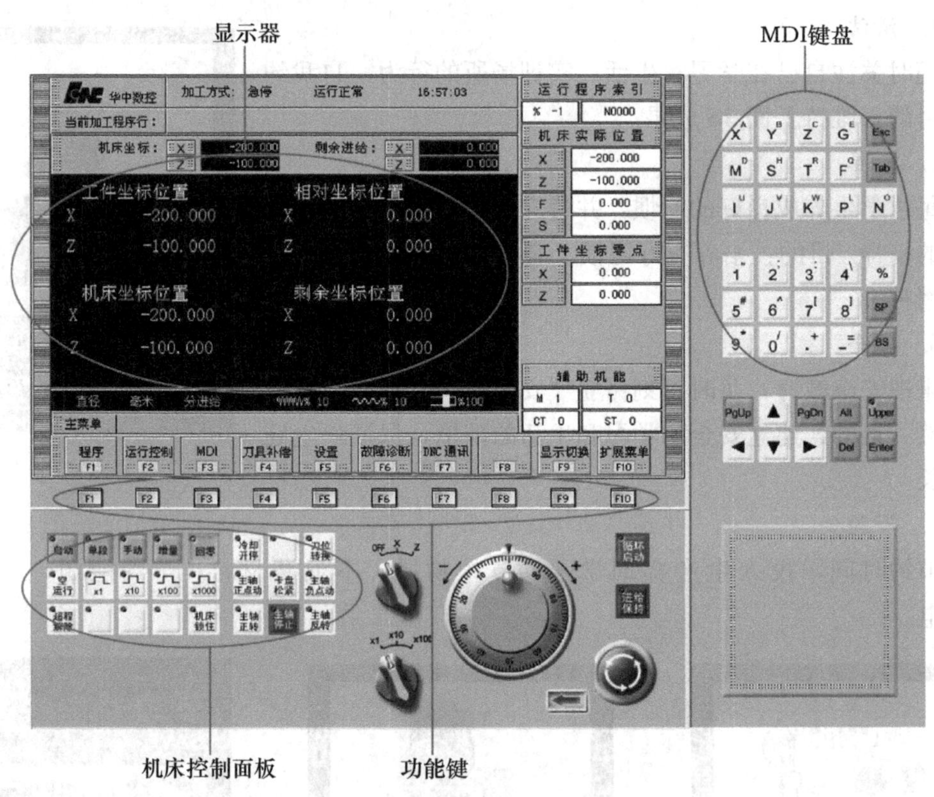

图 1—6　华中数控 HNC-21T 的面板

1. 显示屏

显示屏主要用来显示相关坐标位置、程序、图形、参数、诊断、报警等信息，如图 1—7 所示。

2. 机床控制面板

在选定的工作方式下（显示区如图 1—8 所示），可以进行相应的操作，从而控制机床动作。

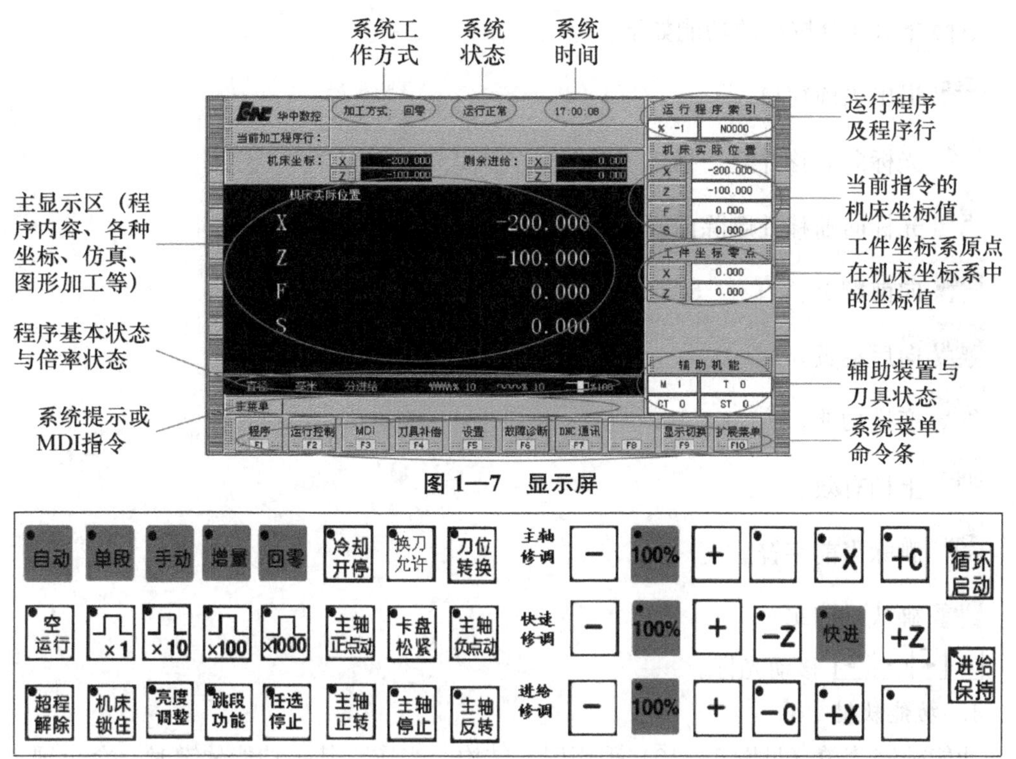

图 1—7　显示屏

图 1—8　显示区

3. 数据输入键盘

该功能键同计算机键盘按键功能一样，包括字母键、数字键、编辑键等。见图 1—9。

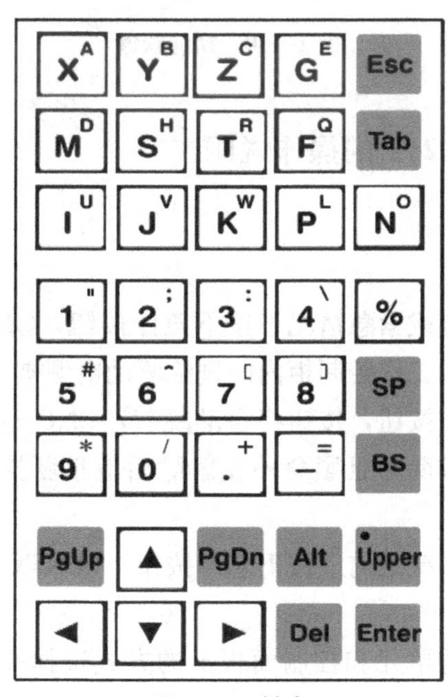

图 1—9　键盘

下面介绍部分按键的功能如下。

Esc 退出当前窗口。

SP 光标向后移并空一格。

BS 光标向前移并删除前面字符。

PgUp 向前翻页。

PgDn 向后翻页。

Alt 变换功能。

Upper 上档有效。

Del 删除当前字符。

Enter 确认（回车）。

▲◄▼► 移动光标。

4．功能软键

功能软键菜单（见图 1—10）采用层次结构，当按下某一功能软键时，会出现下一级菜单，这样可进行相应的操作。

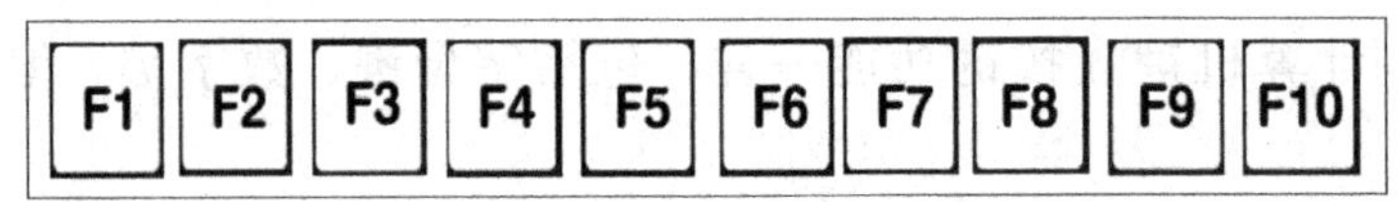

图 1—10　功能软键

二、华中数控 HNC-21T 的操作说明

1．急停

机床运行过程中在危险或紧急情况下按下急停按钮，CNC 即进入急停状态，伺服进给及主轴运转立即停止，工作控制柜内的进给驱动电源被切断。

松开急停按钮：左旋此按钮，按钮将自动跳起，CNC 进入复位状态。解除紧急停止前先确认故障原因是否排除，且紧急停止解除后应重新执行回参考点操作，以确保坐标位置的正确性。

注意：在启动和退出系统之前应按下急停按钮，以保障人身财产安全。

2．方式选择

机床的工作方式由手持单元和控制面板上的方式选择类按键共同决定。方式选择类按键及其对应的机床工作方式如下：

自动 自动运行方式：自动连续加工工件；模拟加工工件；在 MDI 模式下运行指令。

单段 单程序段执行方式：逐程序段加工工件（按一次“循环启动”键，执行一个程序段，直到程序运行完成）；在 MDI 模式下运行指令。

手动 手动连续进给方式：通过机床操作键可手动换刀、手动移动机床各轴，手动松紧卡爪，伸缩尾座、主轴正反转。

增量 增量/手摇脉冲发生器进给方式：定量移动机床坐标轴，移动距离由倍率调整（可控制机床精确定位）。

回零 返回机床参考点方式：手动返回参考点，建立机床坐标系（机床开机后应首先进行回参考点操作）。

3. 回参考点

按一下回零按键，指示灯亮，系统处于手动回参考点方式，可手动返回参考点（下面以 X 轴回参考点为例说明）：

（1）根据 X 轴回参考点方向参数的设置，按一下＋X：回参考点方向为＋正方向。

（2）X 轴将以回参考点快移速度参数设定的速度快进。

（3）X 轴碰到参考点开关后将以回参考点定位速度参数设定的速度进给。

（4）当反馈元件检测到基准脉冲时 X 轴减速停止，回参考点结束。此时＋X 或－X 按键内的指示灯亮。用同样的操作方法使用＋Z、－Z 按键可以使 Z 轴回参考点。同时按压 X 向和 Z 向的轴手动按键，可使 X 轴 Z 轴同时执行返回参考点操作。

注意：

（1）在每次电源接通后，必须先使各轴执行返回参考点操作，然后再进入其他运行方式，以确保各轴坐标的正确性。

（2）在回参考点前，应确保回零轴位于参考点方向相反侧，否则应手动移动该轴直到满足此条件。

4. 超程解除 超程解除

当机床超出安全行程时，行程开关撞到机床上的挡块，切断机床伺服强电，机床不能动作，起到保护作用。如要重新工作，需一直按下该键，接通伺服电源，再在“手动”方式下，反向手动移动机床，使行程开关离开挡块。要退出超程状态时必须：

（1）松开急停按钮，置工作方式为手动或手摇方式。

（2）一直按压着超程解除按键，控制器会暂时忽略超程的紧急情况。

（3）在手动（手摇）方式下，使该轴向相反方向退出超程状态。

（4）松开超程解除按键，若显示屏上运行状态栏：运行正常取代了出错，表示恢复正常，可以继续操作。

注意：在移回伺服机构时，请注意移动方向及移动速率，以免发生撞机。

5．手动机床动作控制

主轴正转[主轴正转]：在手动方式下，按一下主轴正转按键，指示灯亮，主轴电机以机床参数设定的转速正转。

主轴反转[主轴反转]：在手动方式下，按一下主轴反转按键，指示灯亮，主轴电机以机床参数设定的转速反转。

主轴停止[主轴停止]：在手动方式下，按一下主轴停止按键，指示灯亮，主轴电机停止运转。

换刀允许[换刀允许]：按下该键，再按“刀位转换”，所选刀具换到工作位上。“手动”、“增量”、“手摇”工作方式下该键有效。

刀位转换[刀位转换]：在手动方式下，按一下刀位转换按键，转塔刀架转动一个刀位。

冷却启动与停止[冷却开停]：在手动方式下，按一下冷却开停按键，冷却液开（默认值为冷却液关），再按一下，又为冷却液关。如此循环。

卡盘松紧[卡盘松紧]：在手动方式下，按一下卡盘松紧按键，松开工件（默认值为夹紧），可以进行更换工件操作。再按一下，又为夹紧工件，可以进行加工工件操作。

6．自动运行

按一下自动按键，指示灯亮，系统处于自动运行方式，机床坐标轴的控制由CNC自动完成。

（1）自动运行启动循环启动[循环启动]。

自动方式时，在系统主菜单下按F1键，进入自动加工子菜单，再按F1选择要运行的程序，然后按一下循环启动按键，指示灯亮，自动加工开始。

注意：适用于自动运行方式的按键，同样适用于MDI运行方式和单段运行方式。

（2）自动运行暂停进给保持[进给保持]。

在自动运行过程中，按一下进给保持按键，指示灯亮，程序执行暂停，机床运动轴减速停止。暂停期间辅助功能M、主轴功能S、刀具功能T保持不变。

(3) 进给保持后的再启动。

在自动运行暂停状态下，按一下循环启动按键，系统将重新启动，从暂停前的状态继续运行。

(4) 空运行 空运行。

在自动方式下，按一下空运行按键，指示灯亮，CNC 处于空运行状态，程序中编制的进给速率被忽略，坐标轴以最大快移速度移动。空运行不做实际切削，目的在确认切削路径及程序。在实际切削时应关闭此功能，否则可能会造成危险。此功能对螺纹切削无效。

(5) 机床锁住 机床锁住。

禁止机床坐标轴动作。在自动运行开始前，按一下机床锁住按键，指示灯亮，再按循环启动按键，系统继续执行程序，显示屏上的坐标轴位置信息变化，但不输出伺服轴的移动指令，所以机床停止不动。这个功能用于校验程序。

注意：

1) 即便是 G28、G29 功能，刀具不运动到参考点。

2) 机床辅助功能 M、S、T 仍然有效。

3) 在自动运行过程中，按机床锁住按键，机床锁住无效。

4) 在自动运行过程中，只在运行结束时，方可解除机床锁住。

5) 每次执行此功能后，不正常解除机床锁住，须再次进行回参考点操作。

(6) 单段运行 单段。

按一下单段按键，系统处于单段自动运行方式，指示灯亮，程序控制将逐段执行。

1) 按一下循环启动按键，运行一程序段。

2) 再按一下循环启动按键，又执行下一程序段，执行完了后又再次停止。在单段运行方式下，适用于自动运行的按键依然有效。

(7) 任选停止 任选停止。

如程序中使用了 M01 辅助指令，当按下该键后，程序运行到该指令即停止，再按“循环启动”键，继续运行；解除该键，则 M01 功能无效。

(8) 跳段功能 跳段功能。

如程序中使用了跳段符号“/”，当按下该键后，程序运行到有该符号标定的程序段，即跳过不执行该段程序；解除该键，则跳段功能无效。

7. 速率修调 − 100% +

通过该三个速度修调按键，对主轴转速、G00 快移速度、工作进给或手动进给速度进行修调。

(1) 进给修调。

在自动方式或MDI运行方式下，当F代码编程的进给速度偏高或偏低时，可用进给修调右侧的100% 和"+"、"－"按键修调程序中编制的进给速度。按压100%按键，指示灯亮，进给修调倍率被置为100%；按一下"+"按键，进给修调倍率递增5%；按一下"－"按键，进给修调倍率递减5%。在手动连续进给方式下，这些按键可调节手动进给速率。

(2) 快速修调。

在自动方式或MDI运行方式下，可用快速修调右侧的100%和"+"、"－"按键修调G00快速移动时，系统参数最高快移速度设置的速度。按压100%按键，指示灯亮，快速修调倍率被置为100%；按一下"+"按键，快速修调倍率递增5%；按一下"－"按键，快速修调倍率递减5%。在手动连续进给方式下，这些按键可调节手动快移速度。

(3) 主轴修调。

在自动方式或MDI运行方式下，当S代码编程的主轴速度偏高或偏低时，可用主轴修调右侧的100% 和"+"、"－"按键修调程序中编制的主轴速度。按压100%按键，指示灯亮，主轴修调倍率被置为100%；按一下"+"按键，主轴修调倍率递增5%；按一下"－"按键，主轴修调倍率递减5%。在手动方式时，这些按键可调节手动时的主轴速度。机械齿轮换挡时，主轴速度不能修调。

-X +C
-Z 快进 +Z
8. 轴手动按键 -C +X

通过该类按键，可手动控制刀具或工作台移动。移动速度由系统最大加工速度和进给速度修调按键确定。当同时按下方向轴和"快进"按键时，系统以最大的速度移动。

(1) "手动"、"增量"和"回零"工作方式下有效。

(2) "增量"时，确定机床定量移动的轴和方向。

(3) "手动"时，确定机床移动的轴和方向。

(4) "回零"时，确定回参考点的轴和方向。

9. 倍率选择键 ×1 ×10 ×100 ×1000

"增量"和"手摇"工作方式下有效。通过该类键选择定量移动的距离量。

增量倍率按键和增量值的对应关系如表1—1所示：

表1—1　增量倍率按键和增量值的对应关系

增量倍率按键	×1	×10	×100	×1000
增量值（mm）	0.001	0.01	0.1	1

任务实施

一、数控车床的启动

1. 上电

(1) 检查机床状态是否正常；

(2) 检查电源电压是否符合要求、接线是否正确；

(3) 按下急停按钮；

(4) 机床上电；

(5) 数控上电；

(6) 检查风扇电机运转是否正常；

(7) 检查面板上的指示灯是否正常。

接通数控装置电源后，HNC-21T 自动运行系统软件工作方式为急停。

2. 复位

系统上电进入软件操作界面时，系统的工作方式为急停，为控制系统运行，需左旋并拔起操作台右上角的急停按钮，使系统复位并接通伺服电源，系统默认进入回参考点方式，软件操作界面的工作方式变为回零。

3. 返回机床参考点

控制机床运动的前提是建立机床坐标系，为此，系统接通电源、复位后首先应进行机床各轴回参考点，操作方法如下：

(1) 如果系统显示的当前工作方式不是回零方式，按一下控制面板上面的回零按键，确保系统处于回零方式。

(2) 根据 X 轴机床参数回参考点方向，按一下＋X（回参考点方向为＋）或－X（回参考点方向为－）按键，X 轴回到参考点后，＋X 或－X 按键内的指示灯亮。

(3) 用同样的方法使用＋Z、－Z 按键，使 Z 轴回参考点；所有轴回参考点后，即建立了机床坐标系。

注意：

(1) 在每次电源接通后，必须先完成各轴的返回参考点操作，然后再进入其他运行方式，以确保各轴坐标的正确性；

(2) 同时按下 X、Z 轴向选择按键，可使 X、Z 轴同时返回参考点；

(3) 在回参考点前，应确保回零轴位于参考点的回参考点方向相反侧（如 X 轴的回参考点方向为负，则回参考点前应保证 X 轴当前位置在参考点的正向侧），否则应手动移动该轴直到满足此条件；

(4) 在回参考点过程中，若出现超程，请按住控制面板上的超程解除按键，向相反方向手动移动该轴使其退出超程状态。

二、数控车床程序的输入

在系统主操作界面下按“F1”进入程序功能子菜单，在程序功能子菜单下，可以对加工程序进行编辑、存储、检验等操作。如图 1—11、图 1—12 所示。

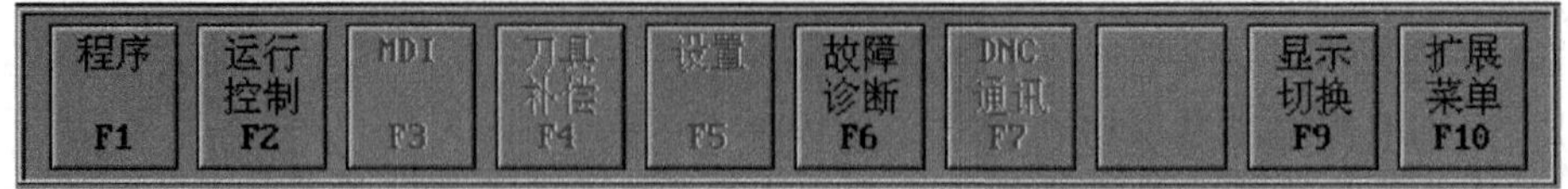

图 1—11 “系统主操作”界面

程序：　M00 T00 S 0

选择程序 F1 | 编辑程序 F2 | 保存程序 F4 | 程序校验 F5 | 停止运行 F6 | 重新运行 F7 | 显示切换 F9 | 主菜单 F10

图 1—12 程序功能子菜单

1. 选择程序

选择程序的操作步骤如下：

（1）在程序子菜单下按“F1”（选择程序功能），见图 1—13。

华中数控　加工方式　自动　运行正常　11：25：32

当前加工行：

当前存储器：　电子盘　DNC　软驱　网络

文件名	大小	日期
O1321	24K	2007-01-12
O2541	225K	2007-02-21
O2645	154K	2007-03-15
O3126	23K	2007-05-21
O3654	25K	2007-09-02
O5648	126K	2007-11-12
O5947	148K	2007-12-21
O9899	324K	2008-02-25

毫米　分进给　%100　%100　%100

运行程序索引　1　1

机床指令坐标　X -403.110　Z -52.112　F 0.000

工件坐标零点　X 0.000　Z 0.000

辅助机能

程序：　M00 T00 S 0

选择程序 F1 | 返回 F10

图 1—13 “选择程序”菜单

（2）在程序列表中用上、下光标键移动蓝色亮条到要选定程序的程序名处。

（3）按回车键，即可将该程序文件选中并调入加工缓冲区（华中世纪星数控车床系统的程序名必须是字母“O”开头），见图 1—14。

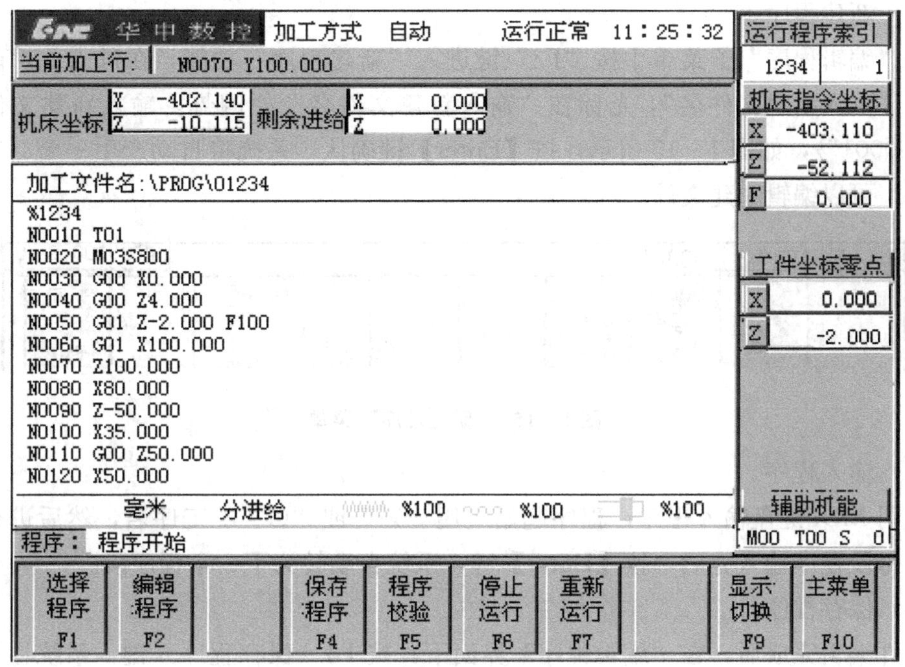

图 1—14　调入程序到加工缓冲区

2. 删除程序文件

删除程序操作如下：

（1）进入程序子菜单，按“选择程序”（F1）键；

（2）在程序列表中用上下光标键选定要删除的程序名；

（3）按下“Del”删除键，系统会提示“是否要删除选定的程序”，再按“Y”确定，按“N”则取消操作。

注意：删除的程序文件不可再恢复，删除操作前应先确定该操作。

3. 编辑程序

在程序子菜单下按“F2”键，将会进入“编辑程序”功能，对程序进行编辑，在编辑过程中会用到以下的快捷键：

（1）Del：删除光标后的一个字符。

（2）Pgup：使编辑程序向程序头滚动一屏。

（3）Pgdn：使编辑程序向程序尾滚动一屏。

（4）BS：删除光标前的一个字符。

（5）◀：使光标左移一个字符位置。

（6）▶：使光标右移一个字符位置。

（7）▲：使光标向上移一行。

(8)▼：使光标向下移一行。

具体的编辑程序如下所述：

（1）新建程序。

在“编辑程序”子菜单中按“F3”键进入“新建程序”功能，在进入此功能后系统提示“输入新建文件名”，光标在“输入新建文件名”栏闪烁。输入新建文件名后（如“O0001”），如图 1—15 所示，按【Enter】键确认，系统将自动产生一个 0 字节的空文件，可以编辑新建文件。

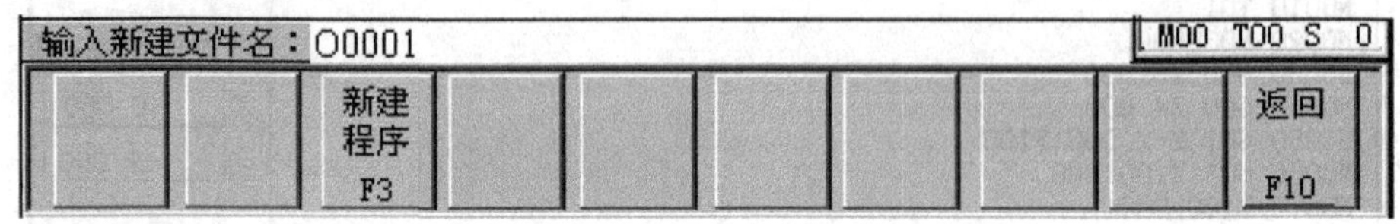

图 1—15 “新建程序”菜单

（2）输入程序。

利用 MDI 键盘输入程序，程序起始应用“%”或“O”＋工序名，然后进行程序输入。每段程序输入完后，按【Enter】键，系统自动转为下一个程序段。

（3）保存程序。

文件编辑完成后，在“编辑程序”界面下，按 F4（保存程序）键，系统将给出图 1—16 所示的文件名供保存文件。按【Enter】键，将以提示的文件名保存程序文件。如将提示的文件名改为其他文件名后，则系统可将当前编辑程序文件另存为其他文件，另存的文件不能与已存在的文件同名。

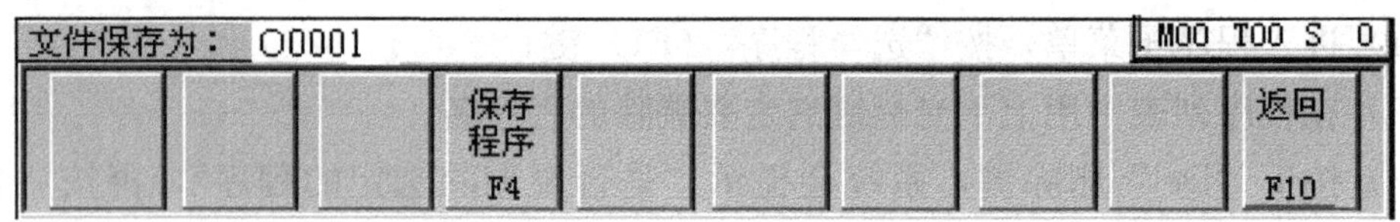

图 1—16 保存文件

如果存盘操作不成功，则系统会弹出提示信息：“出错，保存文件失败”。此时该文件是可读文件，不能更改保存，只能另存为其他文件。

三、机床的对刀操作

1. 对刀操作

想要把一个零件准确无误地加工出来，除了要有好的加工程序外，还要将各把加工刀具对准坐标系，对刀的准确度直接关系到零件的合格与否！一般我们采用绝对刀偏法进行对刀，绝对刀偏法是指每一把刀具独立建立自己的补偿偏置值，如图 1—17 所示，该值将会反映到工件坐标系上。

华中数控 加工方式 自动 运行正常 11：25：32

当前加工行:

绝对刀偏表：

刀偏号	X偏置	Z偏置	X磨损	Z磨损	试切直径
#0001	0.000	0.000	0.000	0.000	0.000
#0002	0.000	0.000	0.000	0.000	0.000
#0003	0.000	0.000	0.000	0.000	0.000
#0004	0.000	0.000	0.000	0.000	0.000
#0005	0.000	0.000	0.000	0.000	0.000
#0006	0.000	0.000	0.000	0.000	0.000
#0007	0.000	0.000	0.000	0.000	0.000
#0008	0.000	0.000	0.000	0.000	0.000
#0009	0.000	0.000	0.000	0.000	0.000
#0010	0.000	0.000	0.000	0.000	0.000
#0011	0.000	0.000	0.000	0.000	0.000
#0012	0.000	0.000	0.000	0.000	0.000
#0013	0.000	0.000	0.000	0.000	0.000
#0014	0.000	0.000	0.000	0.000	0.000

毫米 分进给 %100 %100 %100

绝对刀偏表编辑：

运行程序索引 -1 -1

机床指令坐标 X -403.110 Z -52.112 F 0.000

工件坐标零点 X 0.000 Z 0.000

辅助机能 M00 T00 S 0

X轴置零 F1 | Z轴置零 F2 | 刀架平移 F5 | 返回 F10

图 1—17 刀偏表编辑

具体操作步骤如下。

Z 轴：

(1) 将刀具移至毛坯端面处，使主轴运转，并将端面车过；

(2) 在不移动 Z 轴的前提下释放 X 轴；

(3) 进入控制面板的“刀具补偿”菜单，并选择“刀偏表”；

(4) 在“试切长度”一栏中对应的刀号处输入“0”回车。

X 轴：

(1) 将刀具移至毛坯处，使用刀具将毛坯外圆车过（保证能用卡尺测量到准确的直径值）；

(2) 在不移动 X 轴的前提下释放 Z 轴，并停止主轴运转；

(3) 用卡尺测量刚刚车过的直径尺寸（有必要时请使用千分尺）；

(4) 进入控制面板的“刀具补偿”菜单，并选择“刀偏表”；

(5) 在“试切直径”一栏对应的刀号处输入所测量的直径值再回车。

例如：所测得直径为“29.85”，即输入“29.85”回车即可。

注意：在多把刀的对刀操作中，一般在第一把刀修过端面之后，其他的刀具对准端面即可，不用再次将端面修过，以保证试切长度的精准。

2. 刀偏值的修改（修正零件尺寸）

在对刀操作完成后就可进行加工操作，加工出零件后我们还要对零件进行测量，如果所测得的尺寸不符合图纸要求，那么我们就要对零件的尺寸进行修改，这时我们就要用到“刀偏表”中的“磨损值”。

详细的操作如下：

(1) 在测量工件尺寸时，应记住各把刀具的偏差值；

(2) 进入“刀具补偿”菜单下的“刀偏表”功能；

(3) 将蓝色亮条用光标键移动到要修改的刀具号相对应的磨损值处；

(4) 输入要补给的值并回车。

例如：在测量工件时发现直径“29.5”处实际尺寸为“29.57”，而此尺寸为1号刀具所加工，那么在进入“刀偏表”后将蓝色亮条移至“#0001”(1号刀补值) 的“X轴磨损”处，回车后输入“−0.07”，再回车，就已经对直径29.5处的尺寸进行了成功的修改。

四、程序校验

程序校验是用于对调入加工的程序进行检验，并提示可能的错误，具体操作如下：

(1) 调入要校验的加工程序；

(2) 选择控制面板上的“自动”或“单段”运行方式；

(3) 在程序菜单下按“F5”键 (程序校验)，此时系统会提示“自动校验”；

(4) 按机床操作面板上的“循环启动”键，程序就开始校验；

(5) 若校验正确，光标将返回程序开头；若程序有错误，命令行将提示程序的哪一行有错误，修改后可继续校验。

五、程序运行与控制

如果程序校验无误，取消空运行及机床锁定，可以进行零件程序的自动运行。在系统的主菜单操作界面下，按F2键进入程序“运行控制”子菜单，如图1—18所示。在“运行控制”子菜单下，可以对程序文件进行运行操作。

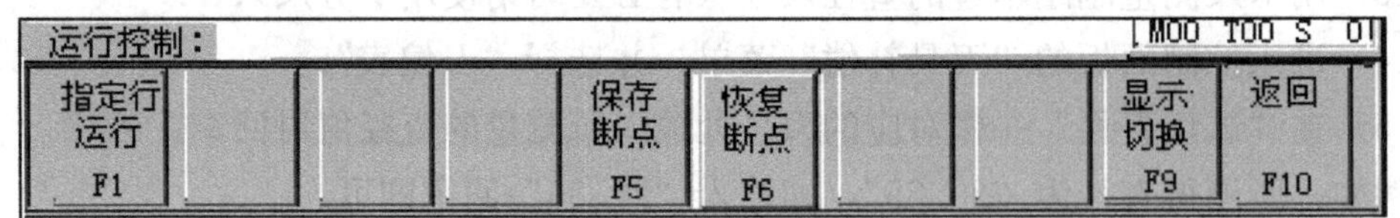

图1—18 运行控制

1. 启动自动运行

(1) 按机床控制面板上的“自动”按键，进入程序运行方式。

(2) 在自动运行方式下，在“选择程序”菜单中用▲、▼选中程序文件。

（3）按机床控制面板上的“循环启动”按键，车床开始自动运行调入的零件加工程序。

2. 自动运行的暂停

在程序运行的过程中，若需要暂停运行，只需要按下机床控制面板上的“进给保持”按键即可，系统即处于进给暂停状态。

在自动运行的暂停状态下，按下“循环启动”按键，系统将重新启动，从暂停前的状态继续运行。

3. 终止运行

在程序运行的过程中，若需要中止运行，可按下述步骤操作。

（1）在“运行控制”子菜单下，按下机床控制面板上的“进给保持”按钮，系统即处于进给保持状态。

（2）按下机床控制面板上的“手动”键，将机床的 M、S 功能关掉。

（3）此时如果要退出，可按下机床控制面板上的“急停”按键，终止程序的运行。

（4）此时如果要终止当前程序的运行而不退出，可按下“程序”功能下的 F6 键（停止运行），系统将弹出如图 1—19 所示对话框。

（5）按“N”键则暂停程序运行，并保留当前运行程序的模态信息（暂停运行后，可按“循环启动”键从暂停处重新启动运行）；按“Y”键则中止程序运行，并卸载当前运行程序的模态信息（中止运行后，只能选择程序后重新启动运行）。

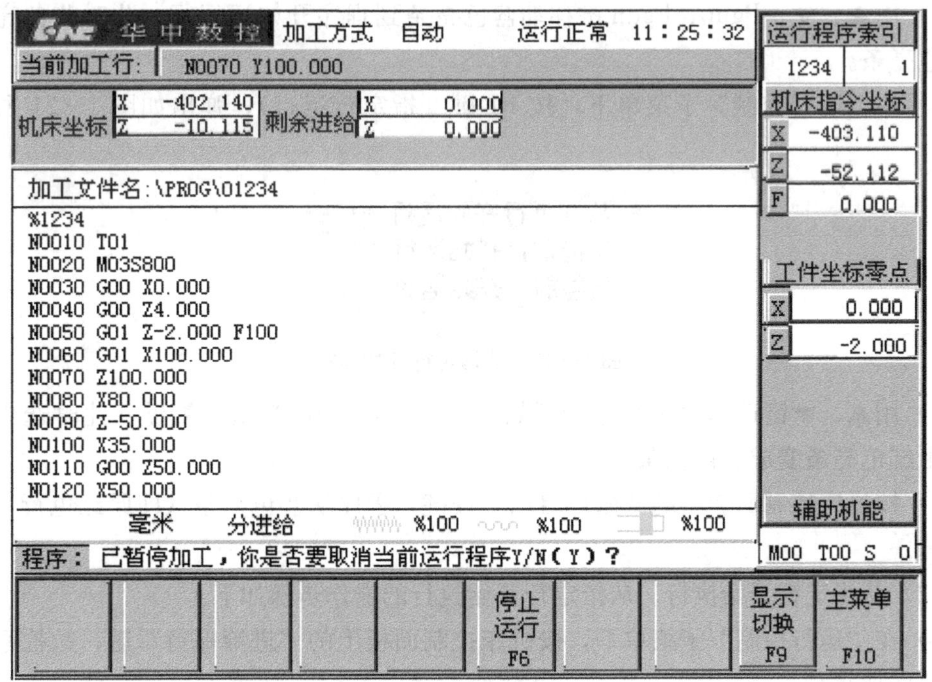

图 1—19　终止运行

4. 重新运行

在当前加工程序中止自动运行后，希望从程序头重新开始运行时，可按下述步骤操作。

（1）在“运行控制”子菜单下按 F7 键（重新运行），弹出如图 1—20 所示对话框。系统提示：“是否重新开始执行 Y/N（Y)?”。

（2）按【Y】键，则光标将返回到程序头；按【N】键，则取消重新运行。

（3）按机床控制面板上的“循环启动”按键，从程序首行开始重新运行当前加工程序。

图 1—20 重新运行

5. 自动运行从任意行执行

在自动运行暂停状态下，除了能从暂停处重启动并继续运行外，还可控制程序从任意行执行。

（1）从红色行开始执行。从红色行开始执行的操作步骤如下。

1）在“运行控制”子菜单下，按机床控制面板上的“进给保持”键，数控系统处于进给保持状态。

2）用▲、▼、Pgup、Pgdn 键移动蓝色亮条到程序开始运行行，此时蓝色亮条变为红色亮条。

3）在“运行控制”子菜单下，按 F1 键（指定行运行），弹出如图 1—21 所示对话框。

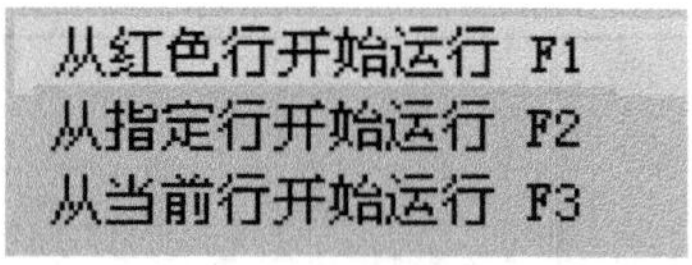

从红色行开始运行 F1
从指定行开始运行 F2
从当前行开始运行 F3

图 1—21 从指定行开始运行

4）用▲、▼键选择“从红色行开始运行”选项，按【Enter】键，此时选中的程序行由红色亮条变成蓝色亮条。

5）按机床控制面板上的“循环启动”按键，程序从蓝色亮条（即原红色行）处开始执行。

（2）从指定行开始执行。从指定行开始执行的操作步骤如下。

1）在“运行控制”子菜单下，按机床控制面板上的“进给保持”键，数控系统处于进给保持状态。

2）在“运行控制”子菜单下，按 F1 键（指定行运行），弹出图 1—21 所示对话框。

3）用▲、▼键选择“从指定行开始运行”选项，弹出如图 1—22 所示输入框。

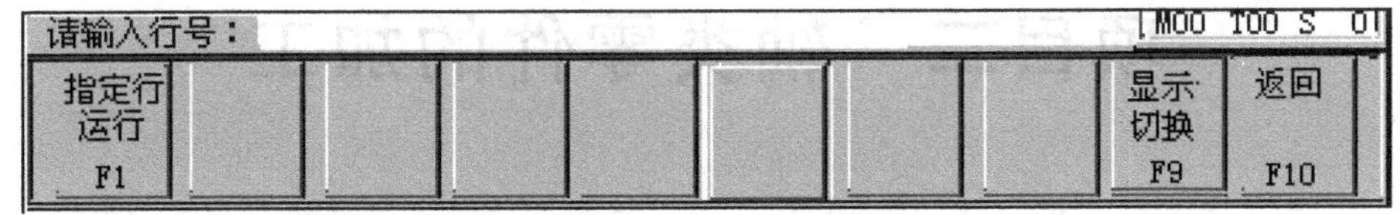

图 1—22 从指定行开始运行

4）输入开始运行的行号，按【Enter】键。

5）按机床控制面板上的“循环启动”按键，程序从指定行开始执行。

(3) 从当前行开始执行。从当前行开始执行的操作步骤如下。

1）在“运行控制”子菜单下，按机床控制面板上的“进给保持”键，数控系统处于进给保持状态。

2）在“运行控制”子菜单下，按 F1 键（指定行运行），弹出图 1—21 所示对话框。

3）用▲、▼键选择“从当前行开始运行”选项，按【Enter】键。

4）按机床控制面板上的“循环启动”按键，程序从蓝色亮条处开始执行。

六、关机

数控车床使用完毕后，可按下述步骤关机：

(1) 按下控制面板上的急停按钮，断开伺服电源；

(2) 断开数控电源；

(3) 断开机床电源。

项目二　轴类零件的加工

项目目标

1. 掌握数控车床的编程与基本的操作技巧。
2. 能够熟练掌握数控车削的基本程序编写。
3. 能熟练进行轴类零件的编程及加工。

任务一　简单阶梯轴的加工

加工如图 2—1 所示的零件，材料为 45＃钢。

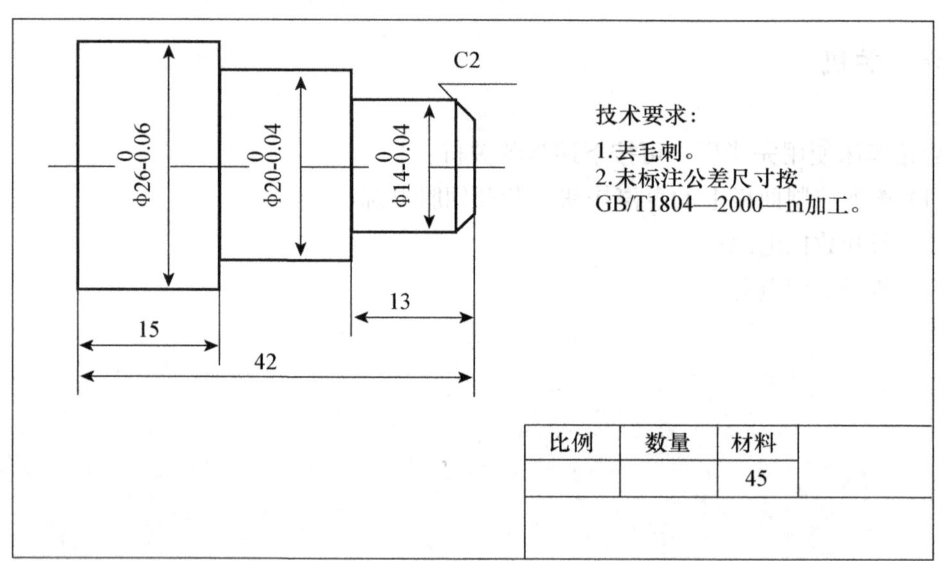

图 2—1

一、工艺分析

1. 确定工件的装夹方式

零件的外轮廓由外圆柱、倒角、台阶组成，最大直径为 26mm，可以采用三爪自定心卡盘装夹，在一次装夹中即可完成粗精车的加工。

2. 刀具选择

(1) 采用93°外圆车刀，刀号、刀补均为1号；

(2) 采用切槽刀，宽为3mm，刀号、刀补均为2号。

3. 工件原点的确定

以工件右端面的圆心作为工件的原点建立工件坐标系进行编程。

4. 装刀与对刀

根据刀具卡片把各刀具装在相应刀位，保证刀尖中心高、刀具伸出长度适中，并装正刀具。对刀时，采用试切对刀法。

5. 数控加工工艺卡（见表2—1）

表2—1 **数控加工工艺卡**

工步号	工步内容	刀具号	主轴转速 S（r/min）	进给速度 F（mm/min）	背吃刀量 ap（mm）
1	粗车 /精车	T0101	700/1 200	150/80	1/0.5
2	切断	T0202	400	40	

注意：完成对刀后，应通过手动或自动方式将刀架移动到安全位置，确保程序运行时的加工安全。

二、编程相关知识的介绍

1. 程序结构

一个完整的程序由程序号、程序内容和程序结束三部分组成。

```
%1234                     ；程序号：%后跟数字表示程序开始
N10 G00 X100 Z100 T0101
N20 M03 S800 F80
N30 G0X50
N40 Z2；                  ；程序内容：由程序段组成
N50 G1 X45；
N60 Z—40；
N70 G0 X100 Z100
N80 M30；                 ；程序结束：M30表示程序结束
```

2. 辅助功能指令M

M辅助功能指令主要用于控制数控车床辅助装置的开关动作。表2—2所示为HNC-21/22T系统常用M指令。

表 2—2　　　　　　　　　　**HNC-21/22T 系统常用 M 指令**

M代码	功能	M代码	功能
M00	程序暂停	M04	主轴反转
M02	程序结束	※M05	主轴停止
M30	主程序结束，返回开始状态	M07	切削液（冷却液）开
M98	调用子程序	M08	切削液（冷却液）开
M99	子程序返回	※M09	切削液（冷却液）关
M03	主轴正转		

注：(1) 机床通电默认带※的 M 指令。
(2) M30 与 M02 程序指令。
M30 程序指令：执行到该指令，程序结束并回到程序开头。
M02 程序指令：执行到该指令，程序结束，如需再次运行此程序，则需从新调用程序。

3. 指令字的介绍

N 后跟数字（数字范围为 1～9999）表示程序段号，用来标识该程序行。

4. “;” 字符

“;”字符表示注释，“;”字符后的文字用于注释，不影响程序的运行，没有控制作用。

5. T 指令（刀具功能）

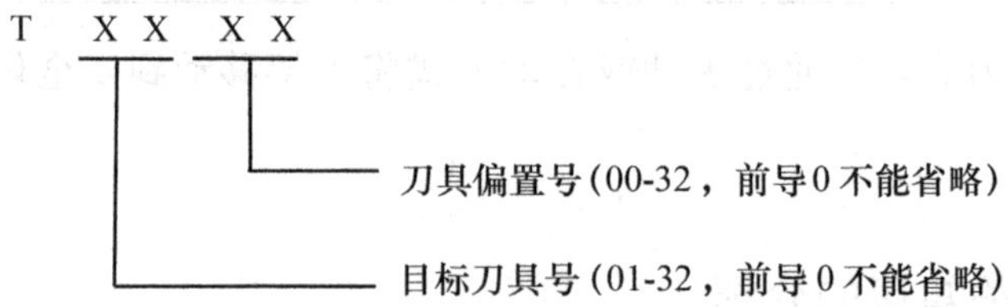

T 代码用于选刀，其后的四位数字分别表示选择的刀具号和刀具补偿号，如 TO1O2，01 表示选择 1 号刀具，02 表示 2 号刀补，T0100，01 表示选择 1 号刀具，00 表示 1 号刀补取消。

6. F 指令（进给功能指令）

F 指令表示加工时刀具相对于工件的合成进给速度，F 的单位取决于 G94（每分钟进给量 mm/min）或 G95（主轴每转一转刀具的进给量 mm/r）。G94 为模态 G 指令，如果当前为 G94 模态，可省略不写，例如 F80 表示切削进给速度为 80mm/min。

7. S 指令（主轴功能）

S 指令主要用于指定主轴的转速，其后的数值表示主轴速度，单位为转每分钟（r/min）。例如，设定主轴转速为每分钟 500 转，指令写为 S500。

8. 快速定位 GOO

GOO 指令刀具相对于工件以各轴预先设定的速度，从当前位置快速移动到程序段指令的定位目标。

格式：G00 X（U）__ Z（W）__；

说明：X，Z：绝对编程时，终点在工件坐标系中的坐标。

U，W：增量编程时，终点相对起点的位移量。

注意：

（1）GOO 的移动速度一般由机床的内参数给定。

（2）G00 不能参与切削进给，只做快速移动，快移速度可由面板上的快速修调按钮修正。

（3）执行 GOO 指令时，不能保证各轴同时到达终点，一定要注意操作以免发生刀具与工件碰撞的情况。

9. 直线插补指令 G01

直线插补以直线方式和指令给定的移动速率，从当前位置移动到指令位置。

格式：G01 X（U）__ Z（W）__ F __；

说明：X、Z：要求移动到的位置的绝对坐标值。

U、W：要求移动到的位置的增量坐标值。

F：合成进给速度。

注意：

（1）G01 程序中必须含有 F 指令，进给速度由 F 指令决定。F 指令也是模态指令，可由 G00 指令取消。如果在 G01 程序段之前的程序段没有 F 指令，且现在的 G01 程序段中也没有 F 指令，则机床不运动。G01 为模态指令，可由 G00、G02、G03 或 G33 功能注销。

（2）程序中 F 指令进给速度在没有新的 F 指令以前一直有效，不必在每个程序段中都写入 F 指令。

10. 内（外）径粗车复合循环 G71

仅仅车削一刀就完成零件的最终轮廓加工的做法是难于实现的，真正的成品要从毛坯料到零件的最终完成，其加工过程还需要根据结构的特征选择合适的刀具，控制切削量、切削速度等参数，分多次走刀来实现。

无凹槽加工时：

G71 U（Δd）R（Δr）P（ns）Q（nf）X（Δx）Z（Δz）F（f）S（s）T（t）；(1)

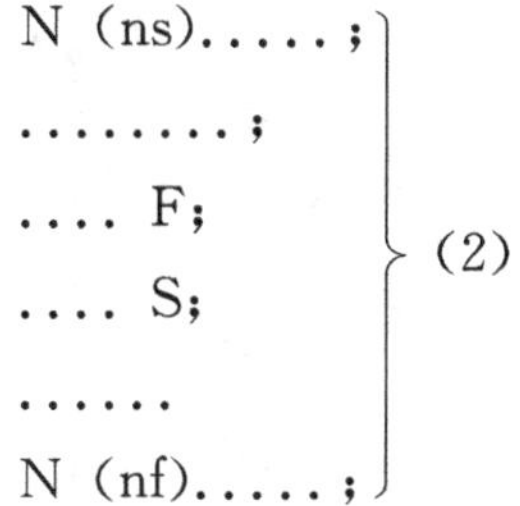

具体见图 2—2。

指令意义：G71 指令分为两个部分：

（1）给定粗车时的切削量、退刀量和切削速度、主轴转速、刀具功能、精车轨迹的程序段区间、精车余量的程序段；

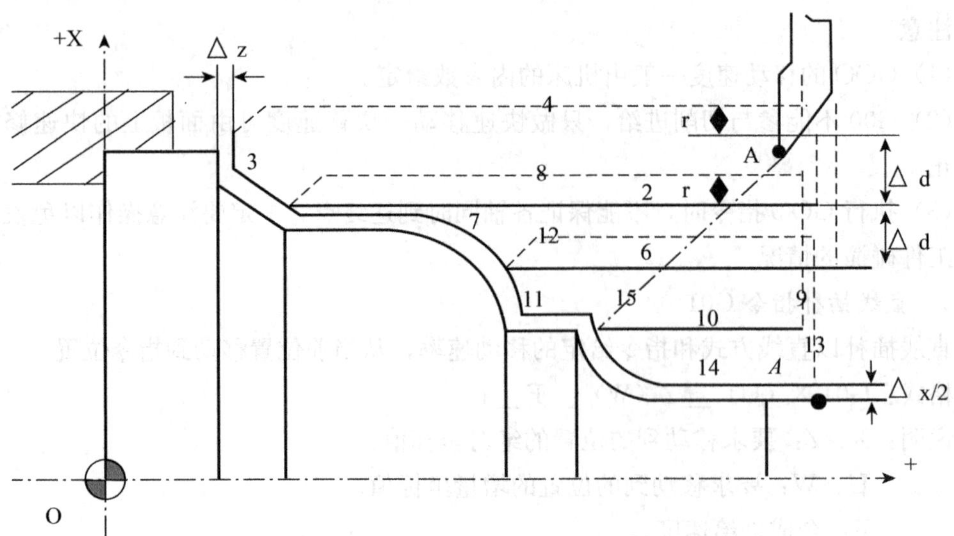

图 2—2

（2）定义精车轨迹的若干连续的程序段，执行 G71 时，这些程序段仅用于计算粗车的轨迹，实际并未被执行。

说明：

Δd：切削深度（每次切削量）；

Δr：每次退刀量；

ns：精加工路径第一程序段；

nf：精加工路径最后程序段；

Δx：X 方向精加工余量；

Δz：Z 方向精加工余量；

f，s，t：粗加工时 G71 中编程的 F、S、T 有效，而精加工时处于 ns 到 nf 程序段之间的 F、S、T 有效。

具体见图 2—3。

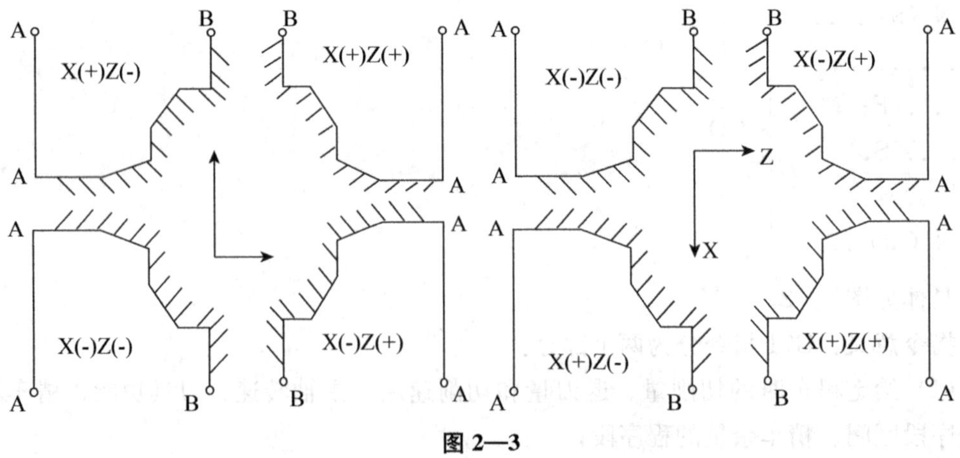

图 2—3

G71 切削循环下，切削进给方向平行于 Z 轴，X 和 Z 的符号如图 2—3 所示。其中（+）表示沿轴正方向移动，（一）表示沿轴负方向移动。

11. G71 加工注意事项

（1）G71 指令必须带有 P，Q 地址 ns，nf，且与精加工路径起、止顺序号对应。

（2）ns 的程序段必须为 G00 或 G01 指令。

（3）在 ns 至 nf 的程序段中，可以有 G02/G03 指令，不应包含子程序。

（4）在应用 G71 之前，需要给定循环起点，其中 X 值必须大于毛坯直径，Z 值靠近工件端面。

（5）切断实心工件时，工件半径应小于切断刀刀头长度。

三、编制数控车加工程序

（1）数控车床普遍默认都是采用直径编程方式。

（2）系统默认单位为 mm。

具体内容见表 2—3。

表 2—3

%1234；	程序名
G00 X99 Z99；	快速定位到换刀点（判断对刀以及工件坐标系建立是否正确）
M03 S700 T0101；	换 1 号刀及 1 号刀补，主轴转速为 700r/min，正转
G00 X28 Z2；	接近工件，粗车循环起点
G71 U1 R1 P1 Q2 X0.5 Z0.1 F120；	粗车被吃刀量 1mm，退刀量 1mm，精加工余量，X0.5，Z0.1，进给速度 120mm/min
G0 X99 Z99	粗加工完成后，暂停测量后进行精加工
M05	
M00；	
M03 S1200	调整主轴转速，重新回到切削起点，准备进行精加工
G00 X28 Z2；	
N1 G01 X10 F80；	精加工起点，精加工进给速度 80mm/min
Z0；	接触工件
X14 Z−2；	加工倒角
Z−13；	加工直径 14 的外圆
X18；	X 向退刀
X20 Z−14；	加工倒角
Z−27；	加工直径 20 的外圆
X24；	X 向退刀
X26 Z−28；	加工倒角
N2Z−47；	精加工终点

G00X99 Z99；	快速退刀
T0202；	换切断刀
S400M03；	切断的速度为 400r/min
G00Z－46	
X27；	快速定位
G01X－1 F40；	切断工件
G00X99	
Z99；	快速退刀
M05；	主轴停止
M30	程序结束，并返回程序头

任务二　综合轴的加工（一）

加工如图 2—4 所示的零件，材料为 45＃钢。

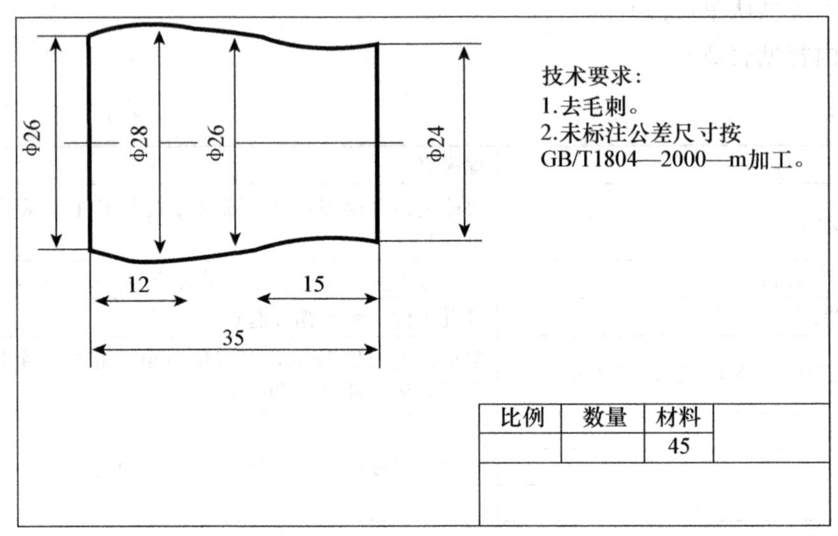

图 2—4

一、工艺分析

1. 确定工件的装夹方式

零件的外轮廓由外圆柱、倒角、台阶组成，最大直径为 28mm，可以采用三爪自定心卡盘装夹，在一次装夹中即可完成粗精车的加工。

2. 刀具选择

（1）采用 93°外圆车刀，刀号、刀补均为 1 号。

（2）采用切槽刀，宽为 3mm，刀号、刀补均为 2 号。

（3）工件原点的确定。以工件右端面的圆心作为工件的原点建立工件坐标系进行编程。

3. 装刀与对刀

根据刀具卡片把各刀具装在相应刀位，保证刀尖中心高、刀具伸出长度适中，并装正刀具。对刀时，采用试切对刀法。

4. 数控加工工艺卡（见表 2—4）

表 2—4 **数控加工工艺卡**

工步号	工步内容	刀具号	主轴转速 S（r/min）	进给速度 F（mm/min）	背吃刀量 ap（mm）
1	粗车 /精车	T0101	700/1 200	150/80	1/0.5
2	切断	T0202	400	40	

二、编程相关知识的介绍

1. 准备功能指令 G

G 准备功能指令主要用于控制数控车床系统工作方式。表 2—5 所示为 HNC-21/22T 系统常用 G 指令。

表 2—5 **HNC-21/22T 系统常用 G 指令**

G 代码	功能	G 代码	功能
G00	快速定位	G57	工件坐标系 4
※G01	直线插补	G58	工件坐标系 5
G02	顺圆插补	G59	工件坐标系 6
G03	逆圆插补	G65	宏指令简单调用
G04	暂停	G71	外/内径车削复合循环
G20	英制尺寸	G72	端面车削复合循环
※G21	公制尺寸	G73	闭环车削复合循环
G28	返回参考点	G76	螺纹车削复合循环
G29	由参考点返回	G80	外/内径车削固定循环
G32	螺纹切削	G81	端面车削固定循环
※G36	直径编程	G82	螺纹车削固定循环
G37	半径编程	※G90	绝对编程
※G40	取消刀尖圆弧半径补偿	G91	相对编程
G41	刀尖圆弧半径左补偿	G92	工件坐标系设定
G42	刀尖圆弧半径右补偿	※G94	每分钟进给
※G54	工件坐标系 1	G95	每转进给
G55	工件坐标系 2	※G96	恒线速切削
G56	工件坐标系 3	G97	取消恒线速切削

注：机床通电默认带※的 G 指令。

2．顺时针圆弧插补指令 G02

刀具进行圆弧插补时，必须规定所在的平面，然后再确定回转方向。

指令格式（见图 2—5）：G02 X（U）__Z（W）__I__K__F__；

G02 X（U）__Z（W）__R__F__；

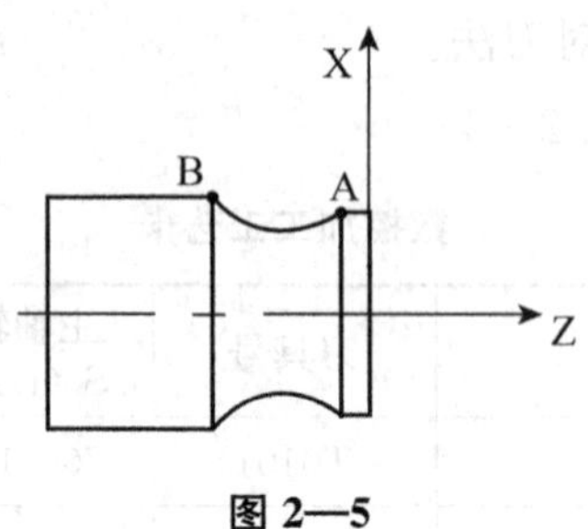

图 2—5

X、Z——为绝对编程时，圆弧终点在工件坐标系中的坐标。

U、W——为增量编程时，圆弧终点相对起点的位移量。

I、K——I、K 都为圆心在 X、Z 轴方向相对于圆弧起始点的坐标增量，I 是半径值。如 I、K 和 R 同时出现，以 R 优先，I、K 无效。

R——圆弧半径（最大 180°）。

F——进给量。

3．逆时针圆弧插补指令 G03

指令格式（见图 2—6）：G03X（U）__Z（W）__R__F__；

G03X（U）__Z（W）__I__K__F__；

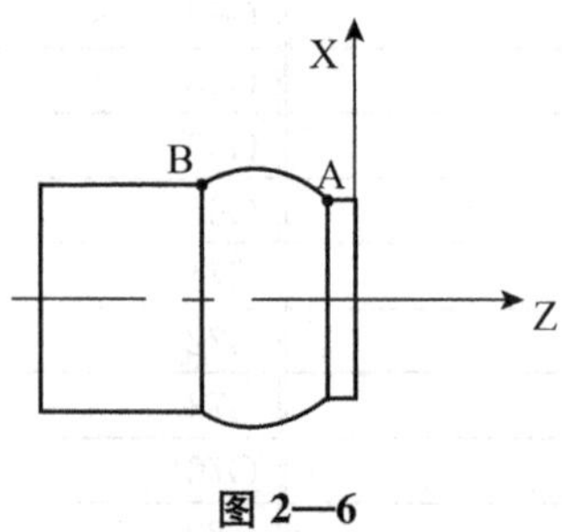

图 2—6

说明：

（1）G03 逆时针方向圆弧插补，如图 2—6 所示，在坐标系里，从 A 点到 B 点为逆圆，所以用指令 G03。

（2）X，Z 代表圆弧终点 B 点的绝对坐标值；U，W 代表圆弧终点相对于起点 A 点的相对坐标值。

（3）R 是圆弧半径，当圆弧所对应得圆心角小于 180°时，R 取正值，当圆弧所对应点的圆心角大于 180°时 R 取负值。

（4）I、K 都为圆心在 X、Z 轴方向相对于圆弧起始点的坐标增量，I 是半径值。如

I、K 和 R 同时出现，以 R 优先，I、K 无效。

（5）F 为进给量。

三、编制数控车加工程序

具体内容见表 2—6。

表 2—6

%2；	程序名
G00 X99 Z99；	快速定位到换刀点（判断对刀以及工件坐标系建立是否正确）
M03 S700 T0101；	换 1 号刀及 1 号刀补，主轴转速为 500r/min，正转
G00 X32 Z2；	接近工件，粗车循环起点
G71 U1 R1 P1 Q2 X0.5 Z0.1 F120；	粗车被吃刀量 1mm，退刀量 1mm，精加工余量，X0.5，Z0.1，进给速度 120mm/min
G0 X99 Z99 M05 M00；	粗加工完成后，暂停测量后进行精加工
M03 S1200；	调整主轴转速，重新回
G00 X32 Z2	到切削起点，准备进行精加工
N1 G01 X24 F80；	精加工起点，精加工进给速度 80mm/min
Z0；	接触工件
G02 X26 Z−15 R30；	加工 R30 圆弧
G01 X28 Z−23；	加工圆锥面
G03 X26 Z−35 R20；	加工 R20 圆弧
N2　G01　Z−40；	加工直径 26 的外圆刀一40mm
G00 X99 Z99；	快速退刀
T0202；	换切断刀
S400 M03；	切断的速度为 400r/min
G00 Z−39	
X27；	快速定位
G01 X−1 F40；	切断工件
G00 X99	
Z99；	快速退刀
M05；	主轴停止
M30；	程序结束，并返回程序头

任务三　综合轴的加工（二）

加工如图 2—7 所示的零件，材料为 45＃钢件。

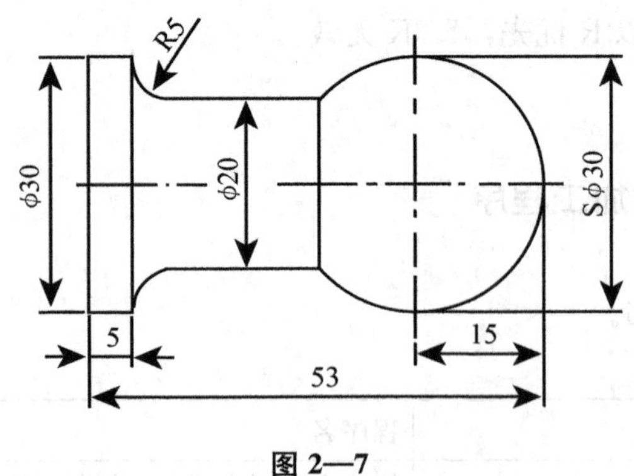

图 2—7

一、工艺分析

1. 分析结构，确定装夹方案

零件的外轮廓由外圆柱、球面组成，最大直径为 30mm，可采用直径为 32mm 的毛坯料，可以采用三爪自定心卡盘装夹，在一次装夹中即可完成粗精车的加工。

2. 刀具选择

（1）采用尖形车刀，刀号、刀补均为 1 号。

（2）采用切槽刀，宽为 4mm，刀号、刀补均为 2 号。

3. 工件原点的确定

以工件右端面的圆心作为工件的原点建立工件坐标系进行编程。

4. 装刀与对刀

根据刀具卡片把各刀具装在相应刀位，保证刀尖中心高、刀具伸出长度适中，并装正刀具。对刀时，采用试切对刀法。

5. 数控加工工艺卡（见表 2—7）

表 2—7 **数控加工工艺卡**

工步号	工步内容	刀具号	主轴转速 S（r/min）	进给速度 F（mm/min）	背吃刀量 ap（mm）
1	粗车/精车	T0101	700/1 200	150/80	1/0.5
2	切断	T0202	400	40	

二、编程相关知识的介绍

1. 内（外）径粗车复合循环 G71

有凹槽加工时，格式：

G71 U（Δd）R（Δr）P（ns）Q（nf）E（Δe）F（f）S（s）T（t）;

说明：

Δd：切削深度（每次切削量）。

Δr：每次退刀量。

ns：精加工路径第一程序段。

nf：精加工路径最后程序段。

Δe：精加工余量，其为 X 方向的等高距离；外径切削时为正，内径切削时为负（半径值）。

f，s，t：粗加工时 G71 中编程的 F、S、T 有效，而精加工时处于 ns 到 nf 程序段之间的 F、S、T 有效。

2. 注意事项

（1）圆弧加工刀具——尖形车刀。

以直线形切削刃为特征的车刀一般称为尖形车刀。这类车刀的刀尖（同时也为其刀位点）由直线形的主、副切削刃构成，如 90°内、外圆车刀，左、右端面车刀，切断（车槽）车刀及刀尖倒棱很小的各种外圆和内孔车刀。见图 2—8。

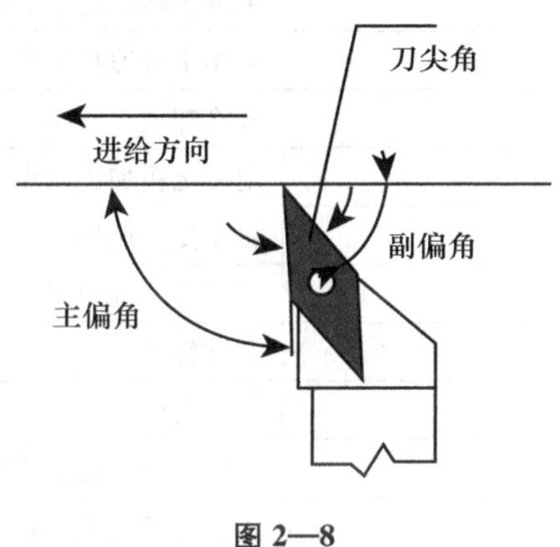

图 2—8

进行外圆表面的凹凸圆弧加工时，选用刀具必须考虑副切削刃的过切问题，刀具的副偏角过大，会产生刀具干涉。如图 2—9 所示。

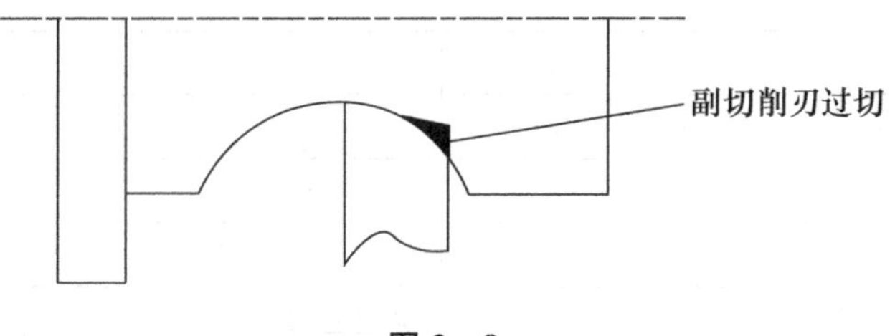

图 2—9

当圆弧圆心角比较大时，要求刀具的副偏角过大，一般副偏角不低于 30°，否则会造成刀尖强度下降；此时，也可采用正反偏刀进行正反向凹凸圆弧加工方法（见图 2—10）；对于高精度的凹凸圆弧，一般选用圆弧刀，按刀具半径补偿进行高精度的圆弧加工

(见图 2—11)。

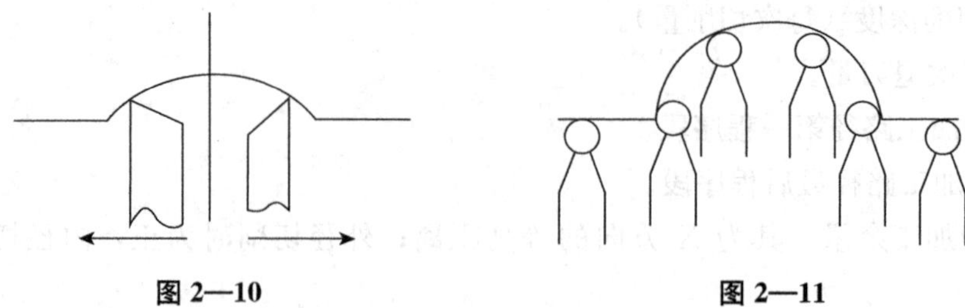

图 2—10　　图 2—11

三、编制数控车加工程序

具体内容见表 2—8。

表 2—8

G0X100Z100	到程序起点或换刀点位置
M03S700	主轴正转，转速 700r/min
T0101	调用 1 号刀具 1 号刀补
M08	开冷却液
G0X35Z5	定位至粗加工起点
G71U1R1P1Q2E0.6Z0F140	粗车复合循环
G0X100Z100	粗车后，到换刀点位置
M05	主轴暂停
M00	程序暂停
M03S1200T0101	主轴正转，转速 1 200r/min
G0X35Z5	定位至精加工起点
N1 G0X0	精加工程序段
G01Z0F80	
G03X15Z−27.99R15	
G01W−7.51	
G02X30W−7.5R7.5	
G01Z−48	
N2X35	
G00 X99 Z99;	快速退刀
T0202;	换切断刀
S400 M03;	切断的速度为 400r/min
G00 Z−57	
X31;	快速定位

G01 X−0.5 F40；	切断工件
G00 X100Z100	退刀
M09	冷却液关
M30	程序结束

任务四　刀具半径补偿的应用

加工如图 2—12 所示的零件，材料为 45＃钢件。

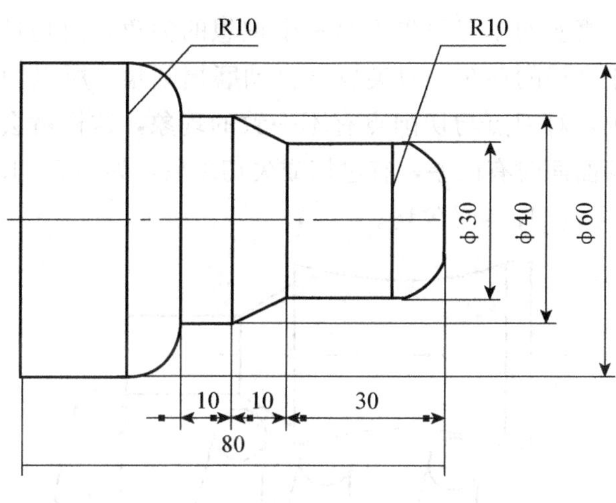

图 2—12

一、工艺分析

1. 分析结构，确定装夹方案

零件的外轮廓由外圆柱、球面组成，最大直径为 60mm，可采用直径为 62mm 的毛坯料，可以采用三爪自定心卡盘装夹，在一次装夹中即可完成粗精车的加工。

2. 刀具选择

（1）采用尖形车刀，刀号、刀补均为 1 号。

（2）采用切槽刀，宽为 3mm，刀号、刀补均为 2 号。

3. 工件原点的确定

以工件右端面的圆心作为工件的原点建立工件坐标系进行编程。

4. 装刀与对刀

根据刀具卡片把各刀具装在相应刀位，保证刀尖中心高、刀具伸出长度适中，并装正刀具。对刀时，采用试切对刀法。

5. 数控加工工艺卡（见表2—9）

表2—9 **数控加工工艺卡**

工步号	工步内容	刀具号	主轴转速 S（r/min）	进给速度 F（mm/min）	背吃刀量 ap（mm）
1	粗车/精车	T0101	700/1 200	150/80	1/0.5
2	切断	T0202	400	40	

二、编程相关知识的介绍

1. 刀具半径补偿

在实际生产中，真实的车刀刀尖不是一个理想的尖角，而是具有一定半径值的圆角，而且使用中由于磨损的存在，刀尖也会自动磨损圆角，所以切削时，刀具是在用刀尖圆弧上进行切削，对刀点与切削点有不一致的现象，这样就会产生误差。这种误差主要是在切削锥面曲面时有误差，有过切或欠切现象，如图2—13所示，1号正常切削；2号位欠切；3号过切；4号欠切。

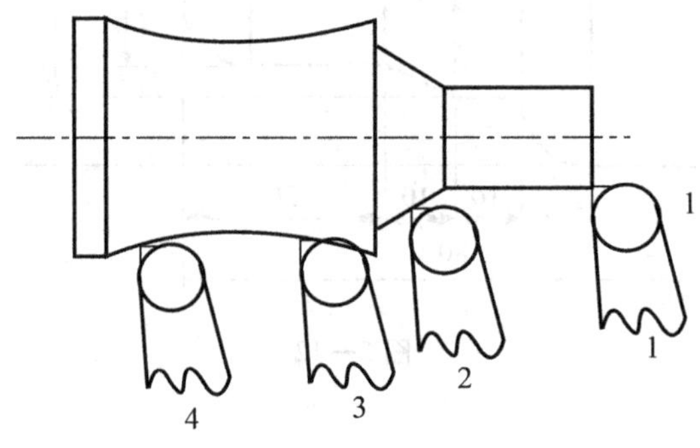

图2—13 过切和欠切现象

为了保证轮廓的加工精度，需要使用刀尖圆角的半径补偿功能。

刀尖圆弧半径补偿是通过G41、G42、G40代码及T代码指定的刀尖圆弧半径补偿号，加入或取消半径补偿。

G40：取消刀尖半径补偿；

G41：左刀补（在刀具前进方向左侧补偿），见图2—14；

G42：右刀补（在刀具前进方向右侧补偿），见图2—14；

X，*Z*：G00/G01的参数，即建立刀补或取消刀补的终点。

注意：G40、G41、G42都是模态代码，可相互注销。

刀尖圆弧半径补偿寄存器中，定义了车刀圆弧半径及刀尖的方向号。

车刀刀尖的方向号定义了刀具刀位点与刀尖圆弧中心的位置关系，其从0～9有十个方向，如图2—15所示。

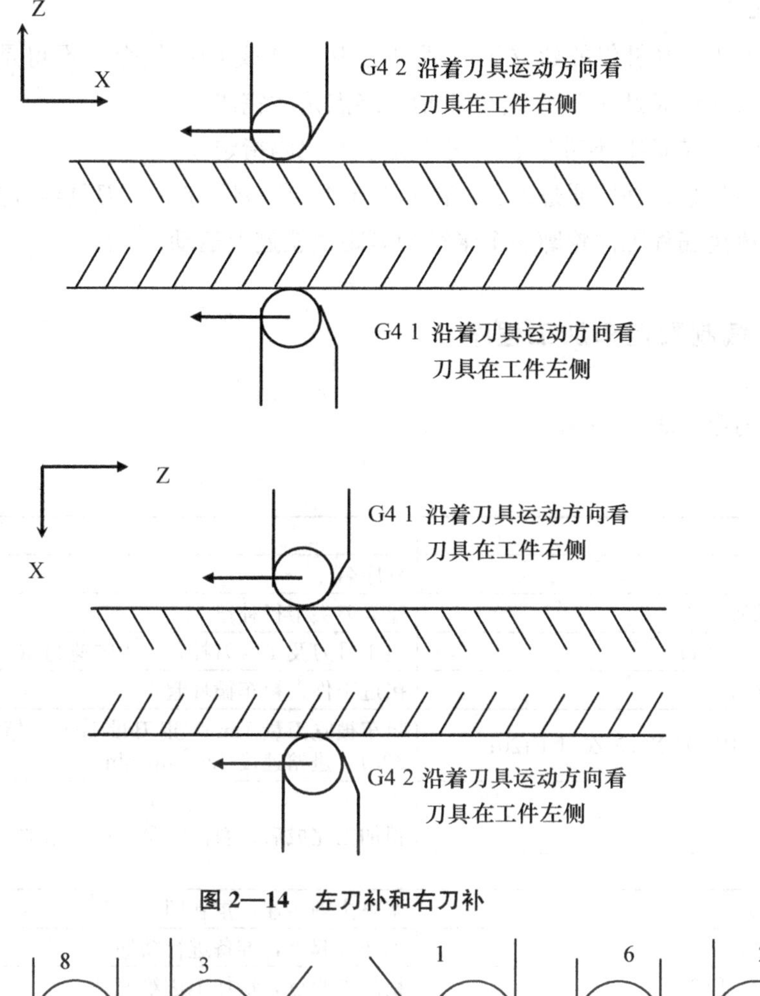

图 2—14　左刀补和右刀补

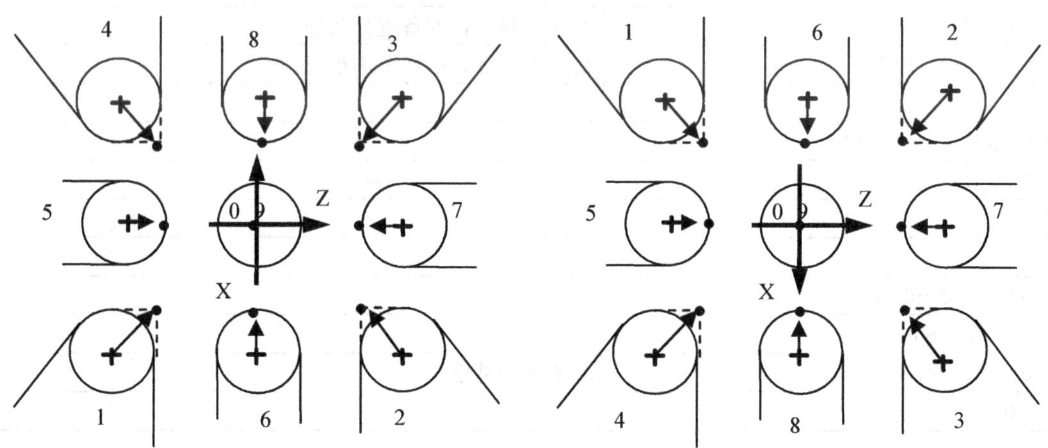

图 2—15　车刀刀尖位置码定义

2. 注意事项

（1）刀尖半径补偿的建立于取消只能用 G00 或 G01 指令，不得是 G02 或 G03 指令。补偿最终形成是在 G00 或 G01 指令终点是才完成。

（2）G41 或 G42 不带参数，其补偿号 T 代码指定。

（3）刀具半径补偿通过准备功能指令 G41 或 G42 建立，刀具半径补偿建立后，刀具中心在偏离编程工件轮廓一个半径的等距线轨迹上运动。

三、编制数控车加工程序

具体内容见表 2—10。

表 2—10

%1	
%2；	程序名
G00 X99 Z99 G42；	建立刀尖半径补偿
M03 S700 T0101；	换 1 号刀及 1 号刀补，主轴转速为 500r/min，正转
G00 X64 Z2；	接近工件，粗车循环起点
G71 U1 R1 P1 Q2 X0.5 Z0.1 F120；	粗车被吃刀量 1mm，退刀量 1mm，精加工余量，X0.5，Z0.1，进给速度 120mm/min
G0 X99 Z99	粗加工完成后，暂停测量后进行精加工
M05	
M00；	
M03 S1200；	调整主轴转速，重新回
G00 X64 Z2	到切削起点，准备进行精加工
N1 G01 X10 F80；	精加工起点，精加工进给速
Z0	
G02 X30 Z—10 R10	
G1 Z—30	
X40 Z—40	
Z—50	
G02 X60 Z—60 R10	
N2 G1 Z—85	
G00 X100 Z100 G40；	取消半径补偿
M30	

任务五　槽的加工

加工如图 2—16 所示零件，毛坯尺寸为 ϕ40mm×70mm，材料为 45＃钢。

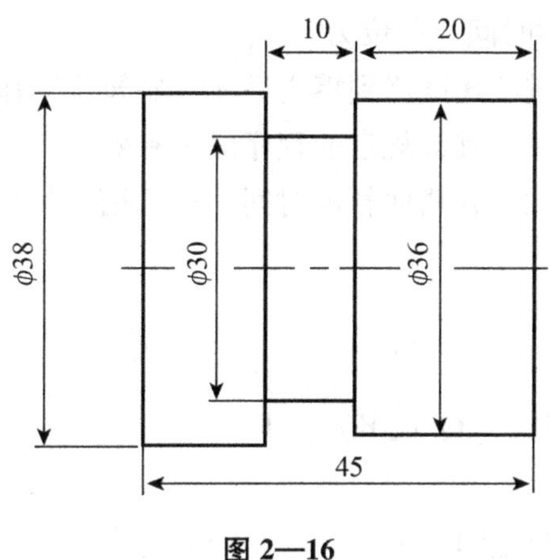

图 2—16

一、工艺分析

1. 零件介绍

此零件由 ϕ38、ϕ36 外圆、ϕ30 及宽 10 退刀槽组成。可以采用三爪自定心卡盘装夹，在一次装夹中即可完成粗精车的加工。

2. 刀具选择

（1）采用 93°外圆车刀，刀号、刀补均为 1 号。

（2）采用切槽刀，宽为 3mm，刀号、刀补均为 2 号。

3. 工件原点的确定

以工件右端面的圆心作为工件的原点建立工件坐标系进行编程。

4. 装刀与对刀

根据刀具卡片把各刀具装在相应刀位，保证刀尖中心高、刀具伸出长度适中，并装正刀具。对刀时，采用试切对刀法。

5. 数控加工工艺卡（见表 2—11）

表 2—11　　　　数控加工工艺卡

工步号	工步内容	刀具号	主轴转速 S（r/min）	进给速度 F（mm/min）	背吃刀量 ap（mm）
1	粗车 /精车	T0101	700/1 200	150/80	1/0.5
2	切槽	T0303	400	40	
3	切断	T0404	400	40	

二、编程相关知识的介绍

1. 暂停延时指令 G04

指令格式：G04　P __；

说明：P：表示暂停的时间，单位为 s。

G04 在前一程序段的进给速度降到零之后才开始暂停动作。

G04 为非模态指令，仅在其被规定的程序段中有效。

本指令可在车槽时使用，在槽底暂停时间，保证槽底的精度。

2. 外径切槽循环 G75

指令格式：

格式一：

G75 X（U）__ Z（W）__ Q（ΔK）__ F __；

格式二：

G75 X（U）__ Z（W）__ R（e）__ Q（ΔK）__ I（i）__ F __；

格式一用于轴向不移动的窄槽加工，格式二用于轴向分次进给的宽槽加工。

X，Z：绝对值编程时，为槽低终点在工件坐标系下的 X 方向的坐标。

U，W：增量编程时，为槽低终点相对于循环起点的位移量。

e：切槽每进一刀的退刀量，只能为正值。

ΔK：每次进刀的深度，只能为正值。

I：轴向进给次数。

F：进给速度。

3. 切槽与切断编程注意事项

（1）为避免刀具与零件的碰撞，刀具切完槽后退刀时应先沿 X 方向退到安全位置，然后再回换刀点掉头加工。

（2）切槽时，刀刃宽度、主轴转速 n 和进给速度 f 都不宜过大；否则刀具所受切削力过大，影响刀具寿命。

（3）因切槽刀有两个刀尖，必须明确 Z 向基准为左刀尖还是右刀尖，以免编程时发生 Z 向尺寸错误。

4. 槽加工的注意事项

（1）外槽加工刀具安装时，刀尖应与轴线等高或略高 0.01d（d 为工件加工槽的直径），并且主切削刃与轴线平行。

（2）槽加工面临排出切屑困难的情况，选择的刀具刀杆应尽可能的粗，以保证刀具的刚度。

（3）一般对于宽度不大、要求加工精度不高的槽，可选用等宽的槽刀进行加工。

（4）较长槽先进行径向切削，最后沿槽轮廓进行精加工。

（5）槽加工编程应保证轨迹短，效率高，并需要注意刀具不能与工件或夹具发生碰撞。

三、编制数控车加工程序

1. 方法一：G01 和 G04 加工槽（见表 2—12）

表 2—12

%1	程度名
G00X99Z99	到程序起点或换刀点位置
M03S700	主轴正转，转速 700r/min
T0101	调用 1 号刀具 1 号刀补
G0 X42 Z2	定位至粗加工起点
G71U1R1P1Q2X0.5Z0F140	粗车复合循环
G00X99Z99	粗车后，到换刀点位置
M05	主轴停止
M00	程序暂停
M03S1200T0202	主轴正转，转速 1 200r/min
G0 X42 Z2	定位至精加工起点
N1 G0 X36	精加工程序段
G1Z0F80	
Z—30	
X38	
Z—48	
N2X42	
G00X99Z99	退刀
T0303	切槽刀，刀宽 4mm
M3S350	转速 350r/min
G00 Z—24	
X40	
G01 X30 F40	径向进刀
G04 P1	槽底暂停 1 秒
X40 F100	径向退刀
Z—27	轴向定位
X11 F40	径向进刀
G04 P1	槽底暂停 1 秒
X40 F100	径向退刀
Z—30	轴向定位
X11 F40	径向进刀
G04 P1	槽底暂停 1 秒
Z—24	槽底光刀

G04P1	P1 槽底暂停 1 秒
G0X99Z99	
M09	冷却液关
M30	程序结束

2. 方法二：G75 加工槽（见表 2—13）

表 2—13

%1	
G00X99Z99	到程序起点或换刀点位置
M03S700	主轴正转，转速 700r/min
T0101	调用 1 号刀具 1 号刀补
G0 X42 Z2	定位至粗加工起点
G71U1R1P1Q2X0.5Z0F140	粗车复合循环
G00X99Z99	粗车后，到换刀点位置
M05	主轴停止
M00	程序暂停
M03S1200T0202	主轴正转，转速 1 200r/min
G0 X42 Z2	定位至精加工起点
N1 G0 X36	精加工程序段
G1Z0F80	
Z－30	
X38	
Z－48	
N2X42	
G00X99Z99	退刀
T0303	切槽刀，刀宽 4mm
M3S350	转速 350r/min
G00 Z－24	
X38	
G75 X30 Z－30 R0.2 Q4 I3 F40；	切槽过程中径向退刀量 0.2mm，每次径向进给 4mm，轴向分 3 次进给
G0 X99 Z99	
M09	冷却液关
M30	程序结束

任务六　螺纹的加工

加工如图 2—12 所示的零件，材料为 45＃钢。

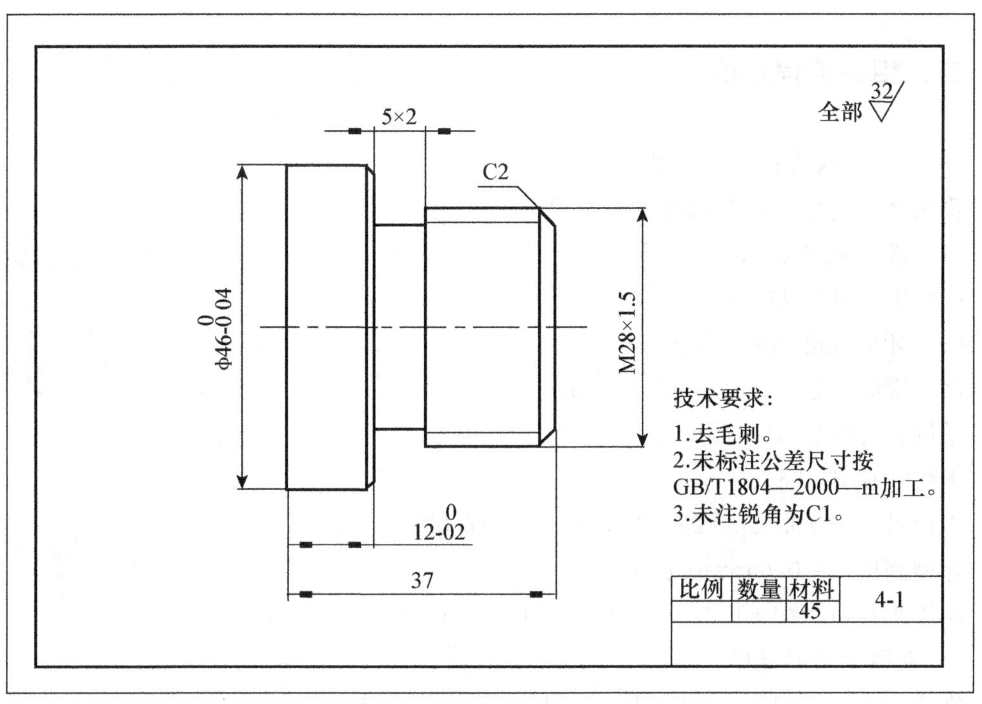

图 2—17

一、工艺分析

1. 分析结构，确定装夹方案

零件的结构由内圆柱面、槽、螺纹等结构组成，最大直径 46mm，可采用直径为 48mm 的毛坯料，使用三爪自定心卡盘装夹，在一次装夹中即可完成加工。

2. 工件原点

以工件右端面的圆心为工件的原点，建立工件坐标系。

3. 刀具选择

(1) 采用 93°外圆车刀，刀号、刀补均为 1 号。

(2) 采用切断刀，宽为 3mm，刀号、刀补均为 4 号。

(3) 采用 60°螺纹刀，加工外螺纹，刀号、刀补均为 3 号。

4. 数控加工工艺卡（见表 2—14）

表 2—14　　数控加工工艺卡

工步号	工步内容	刀具号	主轴转速 S（r/min）	进给速度 F（mm/min）	背吃刀量 ap（mm）
1	粗车	T0101	700	150	1
2	精车	T0202	1 200	100	0.5
3	加工螺纹	T0303	350		
4	切断	T0404	400	40	

二、相关编程知识

1. 普通螺纹有关参数计算

普通螺纹的牙型具有螺纹的基本尺寸：

（1）螺纹大径 d=D；

（2）中径 d2=D2=d−0.65p；

（3）牙型高度 h=0.65p；

（4）螺纹小径 d1=D1=d−1.3p。

举例：外螺纹 M28×1.5。

螺纹大径 d=28。

中径 d2=d−0.65p=28−0.65×1.5=27.025。

牙型高度 h=0.65p=0.65×1.5=0.975。

螺纹小径 d1=d−1.3p=28−1.3×1.5=26.05。

2. 直螺纹切削循环

格式：G82 X（U）__ Z（W）__ R __ E __ C __ P __ F __；

说明（参照图 2—18）：

X、Z：绝对值编程时，为螺纹终点 C 在工件坐标系下的坐标；增量值编程时，为螺纹终点 C 相对于循环起点 A 的有向距离，图形中用 U、W 表 示，其符号由轨迹 1 和 2 的方向确定。

R，E：螺纹切削的退尾量，R、E 均为向量，R 为 Z 向回退量；E 为 X 向回退量，R、E 可以省略，表示不用回退功能。

C：螺纹头数，为 0 或 1 时切削单头螺纹。

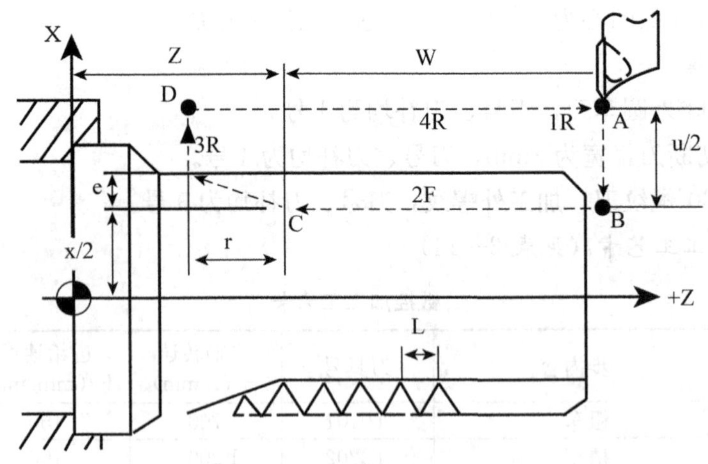

图 2—18　直螺纹切削循环

P：单头螺纹切削时，为主轴基准脉冲处距离切削起始点的主轴转角（缺省值为 0）；多头螺纹切削时，为相邻螺纹头的切削起始点之间对应的主轴转角。

F：螺纹导程。

该指令执行图所示 A→B→C→D→E→A 的轨迹动作。

3. 螺纹切削复合循环

格式：G76C（c）R（r）E（e）A（a）X（x）Z（z）I（i）K（k）U（d）V（Δ dmin）Q（Δ d）P（p）F（L）；

说明（参照图 2—19）：c：精整次数（1～99），为模态值。

r：螺纹 Z 向退尾长度（00～99），为模态值。

e：螺纹 X 向退尾长度（00～99），为模态值。

a：刀尖角度（二位数字），为模态值，在 80°、60°、55°、30°、29°和 0°六个角度中选一个。

x、z：绝对值编程时，为有效螺纹终点 C 的坐标。

增量值编程时，为有效螺纹终点 C 相对于循环起 点 A 的有向距离（用 G91 指令定义为增量编程，使用后用 G90 定义为绝对编程。）

i：螺纹两端的半径差；如 i=0，为直螺纹（圆柱螺纹）切削方式。

k：螺纹高度；该值由 x 轴方向上的半径值指定。

dmin：最小切削深度（半径值）；当第 n 次切削深度（Δd n Δ Δd n Δ 1），小于 Δ dmin 时，则切削深度设定为 Δ dmin。

d：精加工余量（半径值）。

Δ d：第一次切削深度（半径值）。

p：主轴基准脉冲处距离切削起始点的主轴转角。

L：螺纹导程。

螺纹切削复合循环 G76 执行如图 2—14 所示的加工轨迹。

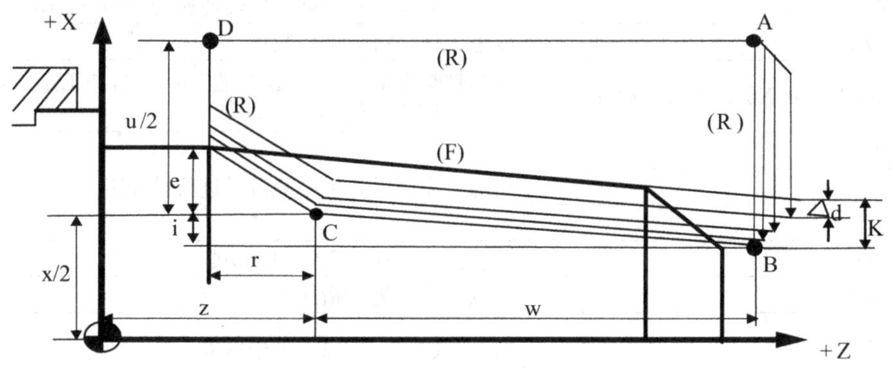

图 2—19

4. 螺纹切削的进给次数与吃刀量参考表（见表 2—15）

表 2—15 （mm）

螺距		1.0	1.5	2	2.5	3	3.5	4
牙深（半径量）		0.649	0.974	1.299	1.642	1.949	2.273	2.598
切削次数及吃刀量（直径值）	1次	0.7	0.8	0.9	1.0	1.2	1.5	1.5
	2次	0.4	0.6	0.6	0.7	0.7	0.7	0.8
	3次	0.2	0.4	0.6	0.6	0.6	0.6	0.6
	4次		0.16	0.4	0.4	0.4	0.6	0.6
	5次			0.1	0.4	0.4	0.4	0.4
	6次				0.15	0.4	0.4	0.4
	7次					0.2	0.2	0.4
	8次						0.15	0.3
	9次							0.2

5. 螺纹加工注意事项

（1）螺纹车削前的外圆直径应车至比螺纹公称直径小约 0.13p，以保证车削后的螺纹牙顶处有 0.13p 的宽度。

（2）外圆端面处倒角至略小于螺纹小径。

（3）有退刀槽的螺纹，螺纹车削前应先加工退刀槽，槽的直径应小于螺纹小径。

三、编制数控车加工程序

1. 方法一：G82 加工螺纹（见表 2—16）

表 2—16

%1234；	程序名
G00 X99 Z99；	快速定位到换刀点（判断对刀以及工件坐标系建立是否正确）
M03 S700 T0101；	换 1 号刀及 1 号刀补，主轴转速为 500r/min，正转
G00 X50 Z2；	接近工件，粗车循环起点
G71 U1 R1 P1 Q2 X0.5 Z0.1 F120；	粗车被吃刀量 1mm，退刀量 1mm，精加工余量，X0.5，Z0.1，进给速度 120mm/min
G0 X99 Z99	粗加工完成后，暂停测量后进行精加工
M05	
M00；	
M03 S1200	调整主轴转速，重新回到切削
G00 X50 Z2；	起点，准备进行精加工
N1 G01 X24 F80 80mm/min；	精加工起点，精加工进给速度
Z0；	接触工件
X27.8 Z−2；	加工倒角
Z−25；	加工螺纹大径

X44；	X 向退刀
X46 Z—26；	加工倒角
N2 Z—41；	精加工终点
G00 X99 Z99；	快速退刀
T0202；	换切断刀
S400 M03；	切槽的速度为 400r/min
G00 Z—23	加工螺纹退刀槽
X48	
G01 X26.2 F40	
G00 X48	
Z—25	
G01 X26 F40	
Z—23；	
G00 X99	
Z99	快速退刀
T0303	
M3S350	
G0 X30 Z2；	
G82 X27.3 Z—22 R—2 E2 C1 P0 F1.5；	G82 加工螺纹
X26.9 Z—22	
X26.4 Z—22	
X26.2 Z—22	
X26.1 Z—22	
X26.05 Z—22	
X26.05 Z—22	
G0 X99	
Z99	
T0404	换切断刀
M03S350	
G0 X48 Z—40	
G01 X—0.5 F40；	切断工件
G0 X99	
Z99	
M05；	主轴停止
M30；	程序结束，并返回程序头

2. *方法二：G76 加工螺纹*

加工螺纹使用 G82 指令，操作简单，但需要依照螺纹加工要求的走刀次数反复多次编写，比较繁琐，加工螺纹可以使用复合循环指令，一次指令实现螺纹的加工。程序见表 2—17。

表 2—17

%1234；	程序名
G00 X99 Z99；	快速定位到换刀点（判断对刀以及工件坐标系建立是否正确）

M03 S700 T0101；	换 1 号刀及 1 号刀补，主轴转速为 500r/min，正转
G00 X50 Z2；	接近工件，粗车循环起点
G71 U1 R1 P1 Q2 X0.5 Z0.1 F120；	粗车被吃刀量 1mm，退刀量 1mm，精加工余量，X0.5，Z0.1，进给速度 120mm/min
G0 X99 Z99	粗加工完成后，暂停测量后进行精加工
M05	
M00；	
M03 S1200；	调整主轴转速，重新回到切削起点，准备进行精加工
G00 X50 Z2	
N1 G01 X24 F80；	精加工起点，精加工进给速度 80mm/min
Z0；	接触工件
X27.8 Z−2；	加工倒角
Z−25；	加工螺纹大径
X44；	X 向退刀
X46 Z−26；	加工倒角
N2 Z−41；	精加工终点
G00 X99 Z99；	快速退刀
T0202；	换切断刀
S400 M03；	切槽的速度为 400r/min
G00 Z−23	
X48；	加工螺纹退刀槽
G01 X26.2 F40	
G00 X48	
Z−25	
G01 X26 F40	
Z−23	
G00 X99	
Z99；	快速退刀
T0303	
M3S350	
G0 X30 Z2	
G76 C1 R−2 E2 A60 X26.05 Z−22 I0 K0.98 U0.05V0.05 Q0.25P0F1.5；	G76 加工螺纹
G0 X99 Z99	
T0404	换切断刀
M03S350	
G0 X48 Z−40	
G01 X−0.5 F40；	切断工件
G0 X99	
Z99	
M05；	主轴停止
M30；	程序结束，并返回程序头

在实际加工中，螺纹的加工往往不是一次切削就可以完成，这时我们可以结合 G76

和 G82 一起加工螺纹，这样可以提成加工效率，减少空刀的次数。

```
%1
…
G0 X30 Z2
G76 C1 R－2 E2 A60 X26.05 Z－22 I0 K0.98 U0.05V0.05 Q0.25P0F1.5；G76 加工螺纹
G82 X26.05 Z－22 R－2 E2 C1 P0 F1.5；
...
G0 X99 Z99
M30
```

在第一次加工完螺纹后，进行后部分螺纹修正的时候，我们可以在 G76 前面加一个“;”使加工时可以跳过 G76 指令，直接执行 G82 指令，这样就减少螺纹空刀的次数。

任务七　普通三角双头螺纹的加工

加工如图 2—20 所示的零件，材料为 45＃钢。

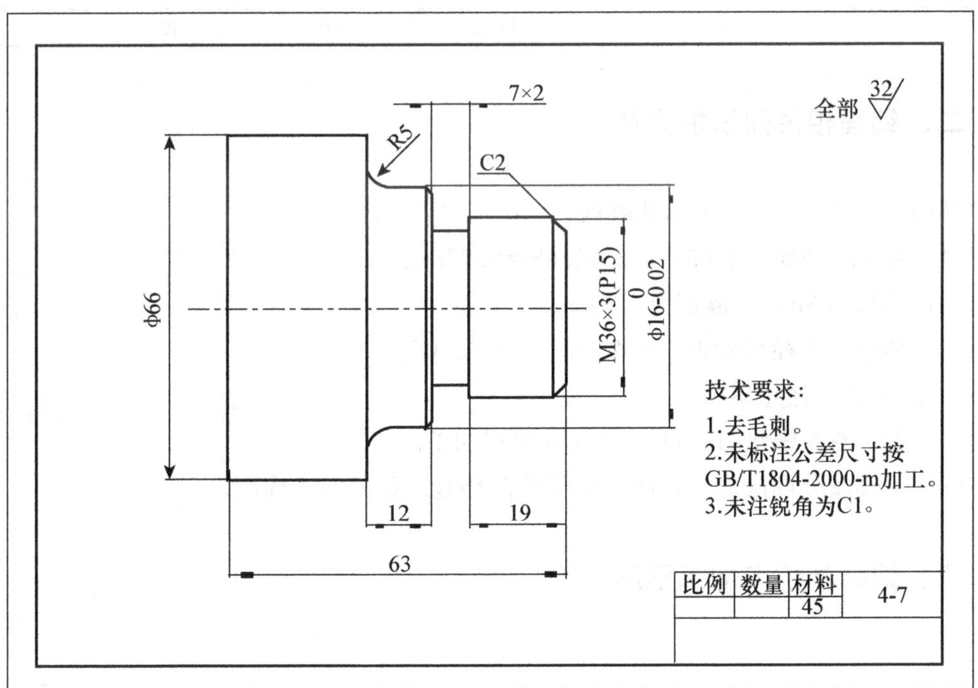

图 2—20

一、工艺分析

1. 分析结构，确定装夹方案

零件的结构由内圆柱面、槽、螺纹等结构组成，最大直径 46mm，可采用直径为 48mm 的毛坯料，使用三爪自定心卡盘装夹，在一次装夹中即可完成加工。

2. 工件原点

以工件右端面的圆心为工件的原点，建立工件坐标系。

3. 刀具选择

(1) 采用 93°外圆车刀，刀号、刀补均为 1 号。

(2) 采用切断刀，宽为 3mm，刀号、刀补均为 4 号。

(3) 采用 60°螺纹刀，加工外螺纹，刀号、刀补均为 3 号。

4. 数控加工工艺卡（见表 2—18）

表 2—18　　数控加工工艺卡

工步号	工步内容	刀具号	主轴转速 S（r/min）	进给速度 F（mm/min）	背吃刀量 ap（mm）
1	粗车	T0101	700	150	1
2	精车	T0202	1 200	100	0.5
3	加工螺纹	T0303	350		
4	切断	T0404	400	40	

二、编程相关知识的介绍

举例：M34×3（1.5）双头螺纹：

(1) 牙深＝螺距×0.65＝1.5×0.65＝0.975mm。

(2) 导程为 3mm，螺距为 1.5mm。

(3) 螺纹的小径尺寸为 34－2×0.975＝32.05。

2. 螺纹加工注意事项

(1) 加工双头螺纹时，可以用 G76 编程加工。

(2) 双螺纹分两次加工，两次螺纹的循环起点相差一个螺距。

三、编制数控车加工程序

```
%1
…
G0 X36 Z2          ；第一次螺纹切削循环起点
```

```
G76 C1 A60 X32.05 Z-20 K0.98 U0.05V0.05 Q0.25P0F1.5;
G0X99Z99
G0 X36 Z3.5     ；第二次螺纹切削循环起点
G76 C1 A60 X32.05 Z-20 K0.98 U0.05V0.05 Q0.25P180F1.5;
…
G0 X99 Z99
M30
```

任务八　轴的综合练习

根据图 2—21 所示的待车削零件，材料为 45＃钢，毛坯 Φ37mm×120mm，单件加工。

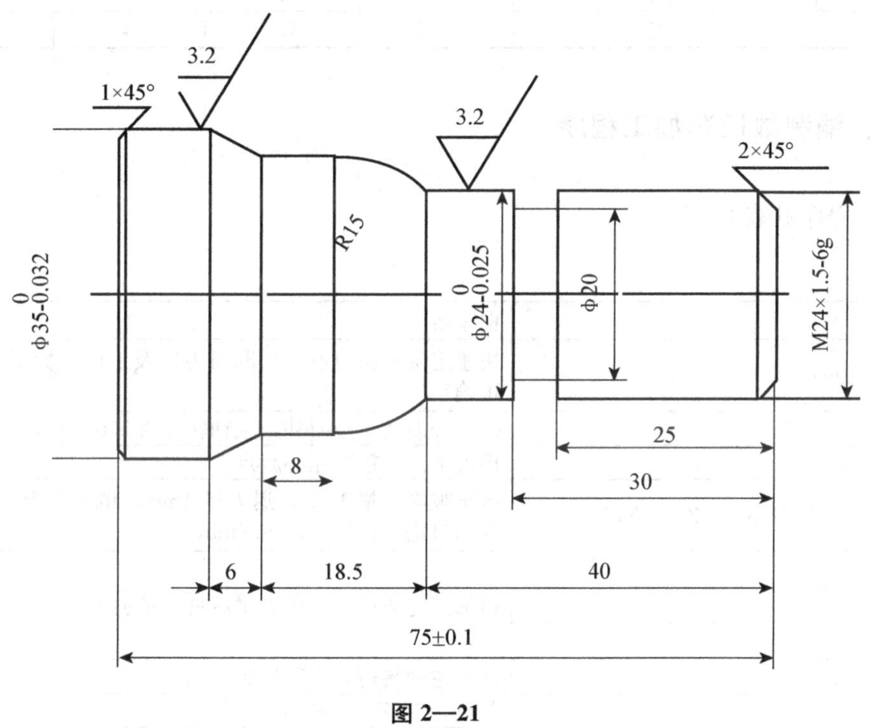

图 2—21

一、工艺分析

1. 分析结构，确定装夹方案

该零件表面由圆柱、圆锥、顺圆弧、逆圆弧及双线螺纹等表面组成。其中多个直径尺寸有较严格的尺寸、精度和表面粗糙度等要求。

2. 工件原点

以工件右端面的圆心为工件的原点，建立工件坐标系，在加工椭圆面时注意对刀位置。

3. 刀具选择

（1）采用93°外圆车刀，刀号、刀补均为1号。

（2）外槽刀，刀宽为3mm，3刀号、刀补均为3号。

（3）外螺纹车刀，刀号、刀补均为4号。

4. 数控加工工艺卡（见表2—19）

表2—19 数控加工工艺卡

工步号	工步内容	刀具号	主轴转速 S（r/min）	进给速度 F（mm/min）	背吃刀量 ap（mm）
1	粗车	T0101	700	150	1
2	精车	T0202	1 200	100	0.5
3	切槽	T0303	400	40	
4	切断	T0404	400	40	

二、编制数控车加工程序

具体程序见表2—20。

表2—20

%1234；	程序名
G00 X99 Z99；	快速定位到换刀点（判断对刀以及工件坐标系建立是否正确）
M03 S700 T0101；	换1号刀及1号刀补，主轴转速为500r/min，正转
G00 X39 Z2；	接近工件，粗车循环起点
G71 U1 R1 P1 Q2 X0.5 Z0.1 F120	粗车被吃刀量1mm，退刀量1mm，精加工余量，X0.5，Z0.1，进给速度120mm/min
G0 X99 Z99	粗加工完成后，暂停测量后进行精加工
M05	
M00；	
M03 S1200；	调整主轴转速，重新回到切削
G00 X39 Z2	起点，准备进行精加工
N1 G01 X20 F80；	精加工起点，精加工进给速
Z0	
X23.84 Z−2	
Z−30	
X 24	
Z−40	
G03 X30 Z−50.5 R13	
G01 Z−58.5	

X35 Z—64.5	
N2 Z—80	
G0 X99 Z99	
T0202 S400	
G0X—28 Z28	
G75 X20 Z—30 R0.2 Q4 I2 F40；	切槽过程中径向退刀量 0.2mm，每次径向进给 4mm，轴向分 3 次进给
G0 X99 Z99	
T0303 S350	
G0 X26 Z2；	螺纹切削循环起点
G76C1A60X22.05Z—27 K0.98U0.05V0.05 Q0.25P0F1.5；	
G00 X99 Z99；	快速退刀
T0202；	换切断刀
S400 M03；	切断的速度为 400r/min
G00 Z—78	
X37；	快速定位
G01 X20 F40	
X33	
X35 Z—77；	加工倒角
X36 Z—78	
X—0.5；	切断工件
G00 X99	
Z99；	快速退刀
M05；	主轴停止
M30；	程序结束，并返回程序头

三、综合训练题集

关于这些综合训练题，见图 2—22～图 2—30。

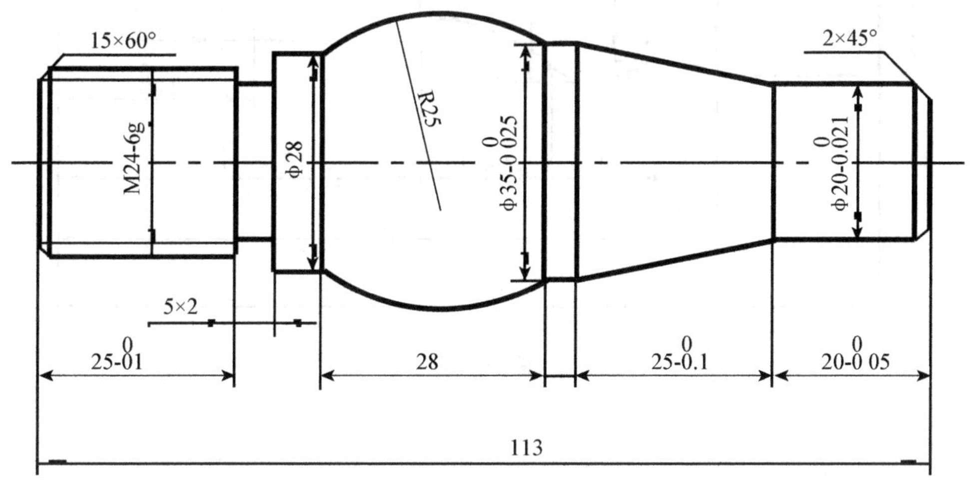

图 2—22

1.6
1.6
2×45°
SR8
φ34-0.027 0
φ30-0.1 0
φ25-0.021 0
φ20
M20×15
4×2
8
5
5
20
20
15
图 2—23

R10
R8
R24
a:×45.67
b:×47.27
2×45°
5.8
φ48-0.02 0
φ44.4
φ49.5
φ34
φ28-0.02 0
M24
4×2
b
a
24-0.1 0
9.36
15.69
44-0.15 0
80
100
图 2—24

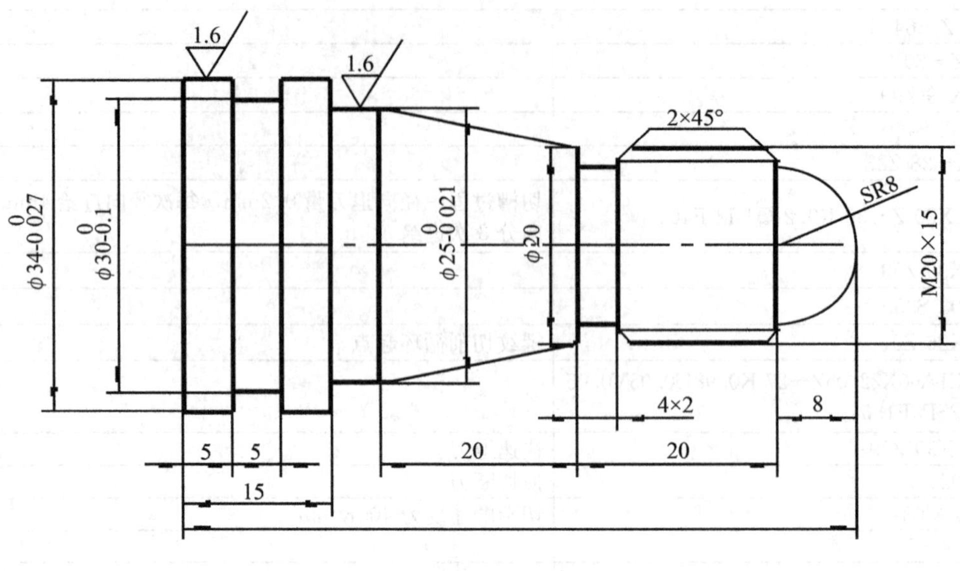

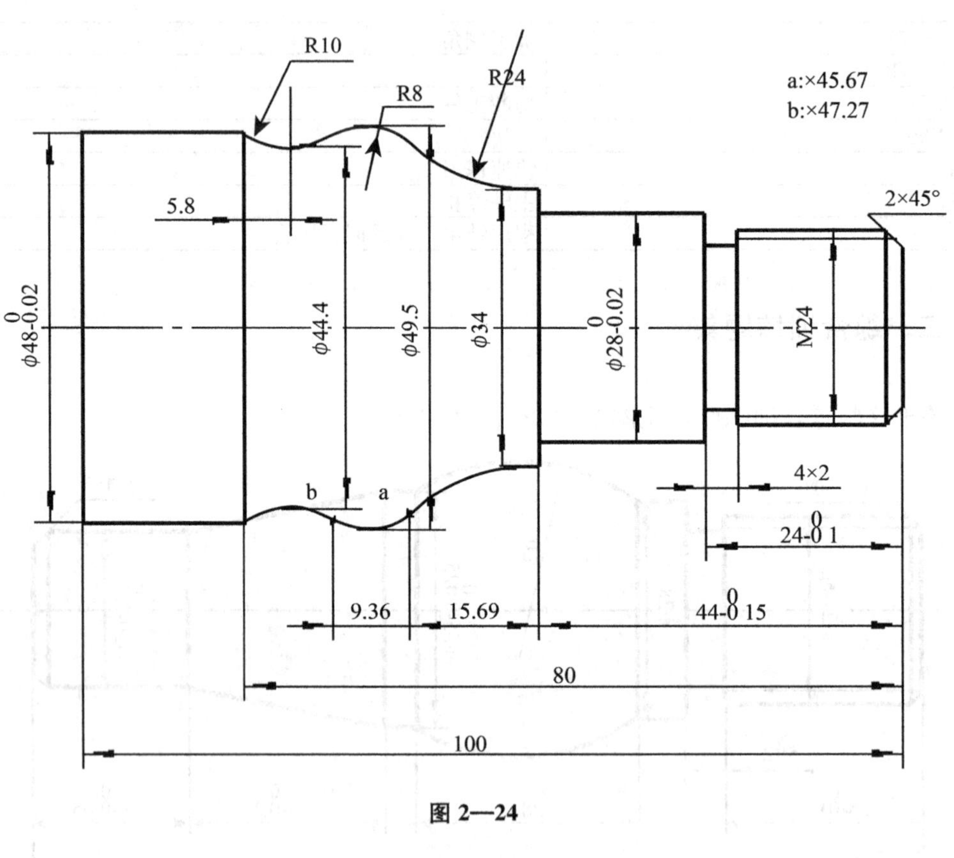

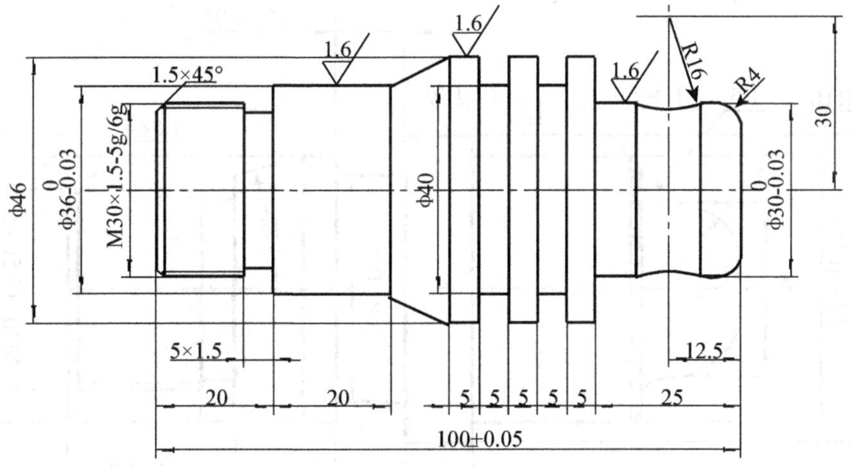

图 2—25

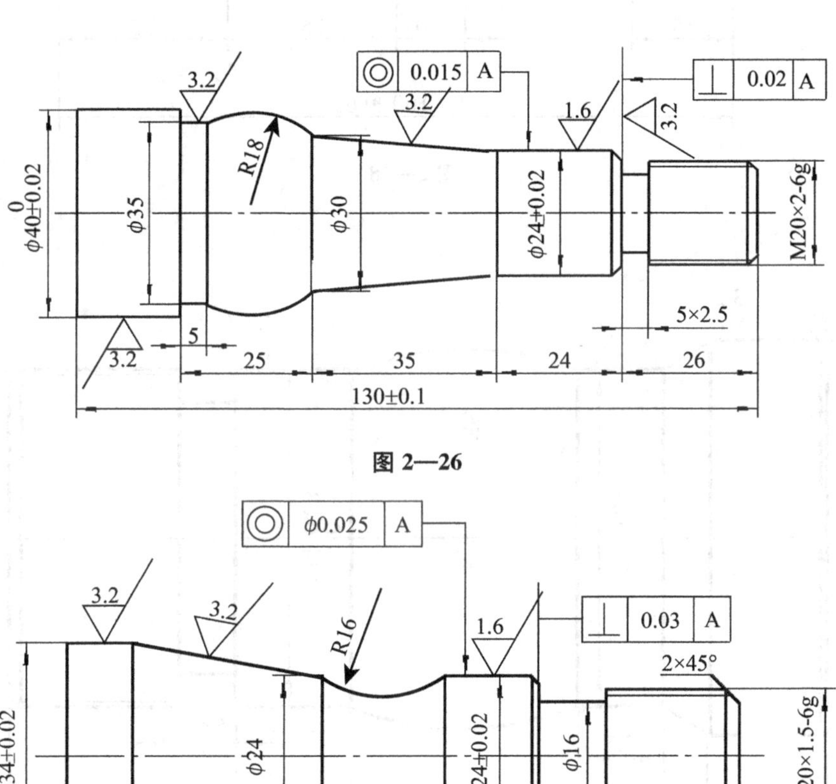

图 2—26

图 2—27

10±0.02
R10
R5
1.5×45°
1.6
1.6
1.6
1.5×45°
15°
φ26
φ36±0.1
M30×15-5g/6g
5
5×1.5
15
10
25
25
100±0.05

图 2—28

1×45°
3.2
3.2
3.2
2×45°
SR30
M30×15-6g
7.5
5×3
10 5
20
10
20

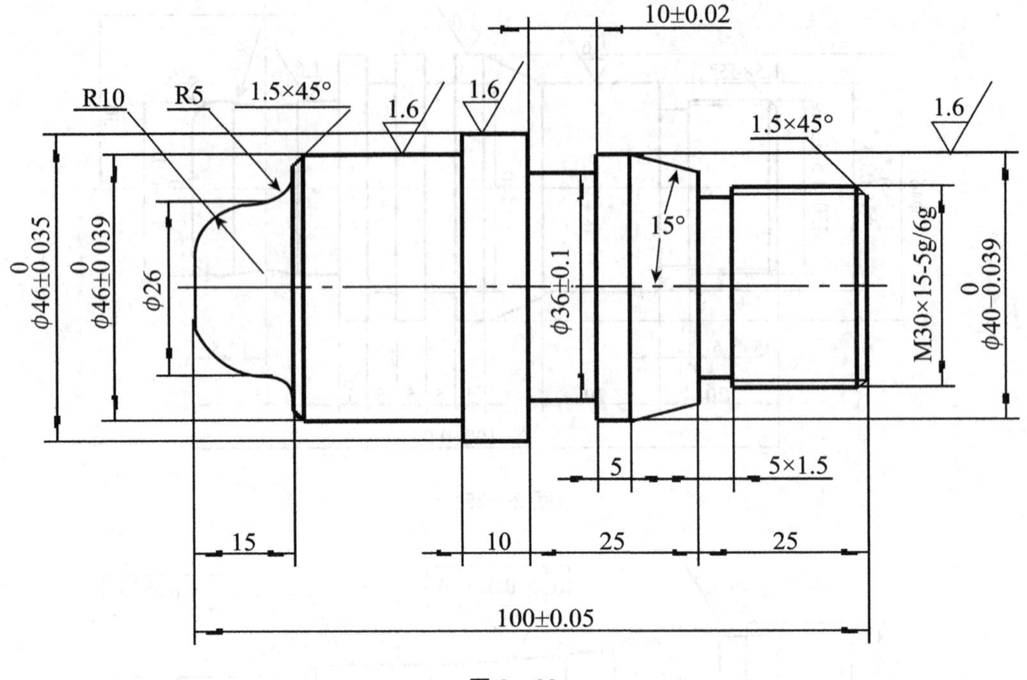

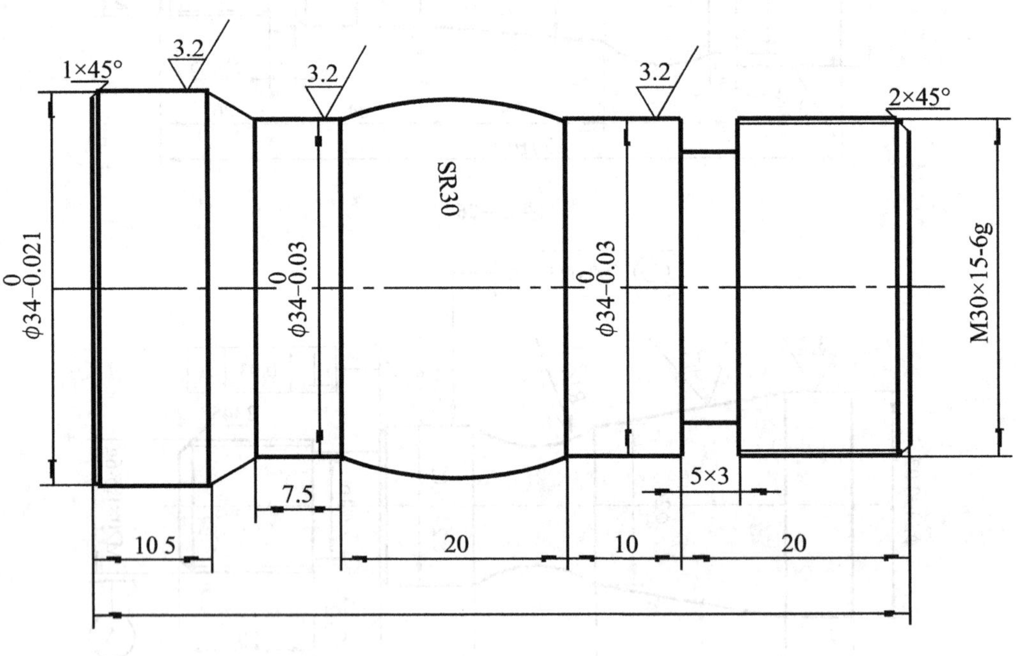

图 2—29

38.068
R40.341
4.111
27.557
2.273
1.705
R0.852
R2.841
R2.273
R11.364
ϕ25
ϕ19.886
ϕ17.045
ϕ12.178
ϕ10.227
ϕ11.591
ϕ16.865
ϕ8.763
ϕ11.364
ϕ19.886
ϕ25
R2.841
R1.42
ϕ5.082
4.391
8.381
14.336
1.415

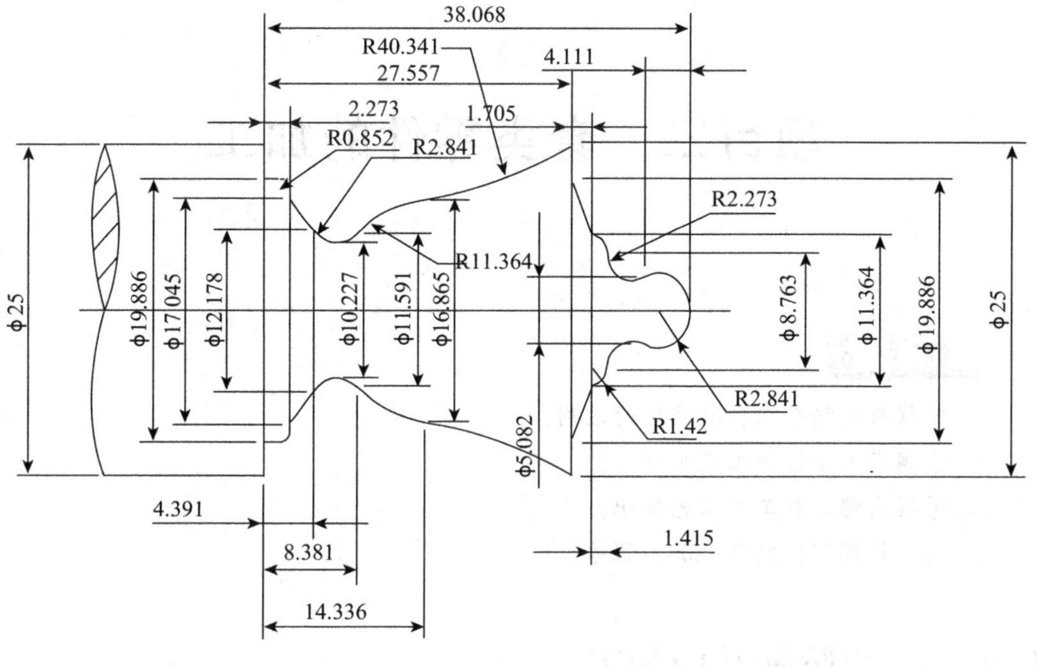

图 2—30

项目三　套类零件的加工

项目目标

1. 掌握数控指令在套类零件的应用。
2. 掌握套类零件的工艺编排。
3. 掌握内螺纹加工的工艺知识。
4. 能熟练编制出内螺纹加工程序。

任务一　内阶梯孔的加工

加工如图 3—1 所示的零件，材料为 45＃钢。

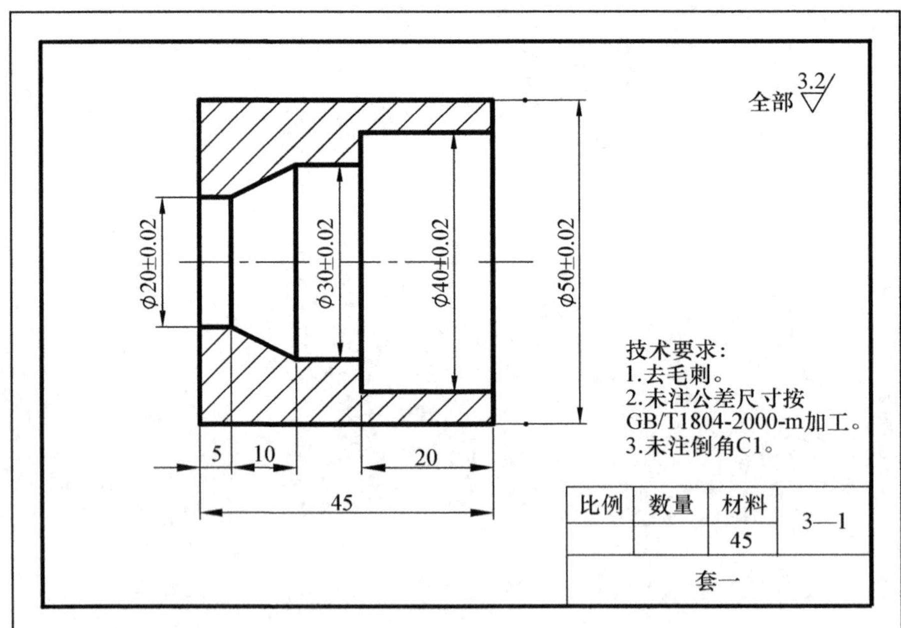

图 3—1

一、工艺分析

1. 分析结构，确定装夹方案

零件的结构由内圆柱面、台阶、内圆锥面组成，最大直径为 50mm，可采用直径为 52mm 的毛坯料，使用三爪自定心卡盘装夹，在一次装夹中即可完成加工。

2. 工件原点

以工件右端面的圆心为工件的原点，建立工件坐标系。

3. 刀具选择

（1）选用中心钻、直径为 18 的钻头，打孔。

（2）采用 93°外圆车刀，刀片为 35°菱形 R0.4。

（3）采用刀杆直径为 16mm 的内孔车刀。

（4）采用槽刀，宽为 3mm。

4. 数控加工工艺卡（见表 3—1）

表 3—1 **数控加工工艺卡**

工步号	工步内容	刀具号	主轴转速 S（r/min）	进给速度 F（mm/min）	背吃刀量 ap（mm）
1	钻中心孔	—	1 000	—	—
2	用 ø18 的麻花钻钻孔深 50 mm	—	350	—	—
3	粗/精车外圆	T0101	600/1 000	100/80	1/0.5
4	粗/精车内孔	T0202	600/1 000	100/80	1/0.5
5	切断	T0303	300	100/80	1/0.5

二、相关编程知识

外圆/内圆粗加工切削循环 G71：

指令格式：G71 U $\underline{(\Delta d)}$ R $\underline{(e)}$ P $\underline{(ns)}$ Q $\underline{(nf)}$ X $\underline{(\Delta x)}$ Z $\underline{(\Delta z)}$ F $\underline{(f)}$ S $\underline{(s)}$ T $\underline{(t)}$；

说明：Δu：X 轴向精加工余量，直径指定；为正值时加工外圆，为负值时加工内孔。G71 加工内孔时除注意 X 向的精加工余量值的正负值，还要注意循环起点位置。

三、编制数控车加工程序

选取工件的右端面的中心为工件坐标系的原点，加工程序如表 3—2 所示。

表 3—2

O0301（加工外圆）	文件名
%1	程序名
M03S600T0101；	主轴正转 600r/min，选用 1 号刀具
G00X32Z2；	加工外圆
G71U1R1P1Q2X0.5F80；	
N1G00X50；	
G01Z－48F80；	
N2G01X54；	
G00X99Z99；	退到换刀点
M30	
O0302（镗孔加工）	文件名
%2	程序名
M03S600 T0202；	内孔车刀，准备加工内孔
G00X15Z2；	内孔车削循环起点，注意其坐标值要与钻头的直径小 1～2mm
G71U1R1P1Q2X－0.5F80；	X 值为负值加工内孔
N1G00X40；	
G01Z－20F80；	
X30；	
Z－30；	
X20Z－40；	
Z－48；	
N2X15；	
G00Z100；	退刀时先退 Z 值
X100；	再退 X 值
M30	
O0303（切断）	
%3	
M03S400 T0303F50；	换刀，准备切断
G00Z－48；	
G01X18；	
G00X100Z100；	
M30；	

任务二　综合孔的加工

加工如图 3—2 所示，按图纸要求完成内孔加工，材料为 45＃钢。

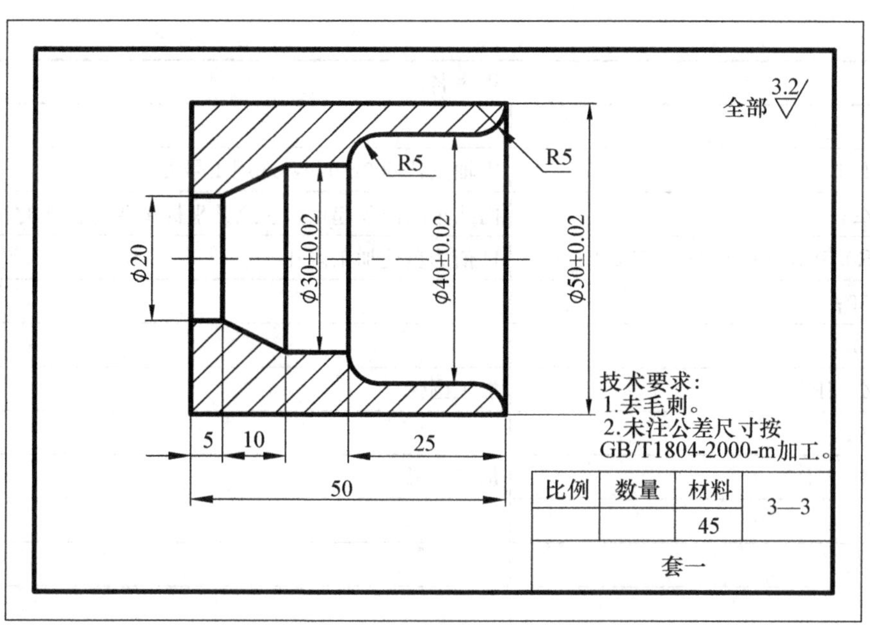

图 3—2

一、工艺分析

1. 分析结构，确定装夹方案

零件的内孔结构由内圆柱面、内圆锥面、台阶、内圆弧面等结构组成，可采用直径为 50mm 的毛坯料，使用三爪自定心卡盘装夹，在一次装夹中即可完成加工。

2. 工件原点

以工件右端面的圆心为工件的原点，建立工件坐标系。

3. 刀具选择

(1) 选用中心钻、直径为 18 的钻头，打孔。

(2) 采用刀杆直径为 16mm 的内孔车刀，菱形 R0.4，刀号、刀补均为 1 号。

4. 数控加工工艺卡（见表 3—3）

表 3—3　　数控加工工艺卡

工步号	工步内容	刀具号	主轴转速 S（r/min）	进给速度 F（mm/min）	背吃刀量 ap（mm）
1	钻中心孔	—	1 000	—	—
2	用 ø18 的麻花钻钻孔深 50 mm	—	350	—	—
3	粗/精车内孔	T0101	600/1 000	100/80	1/0.5

二、编制数控车加工程序

选取工件的右端面的中心为工件坐标系的原点，加工程序如表 3—4 所示。

表 3—4

O0303	程序名
%10	
M3S600T0101	主轴正转 600r/min，选用 1 号刀具
G00X16Z2；	内孔车削循环起点，注意其坐标值要与打孔的直径对应
G711U1R0.5P150Q230U−0.5F0.2；	U 值为负值加工内孔
N1G00X50；	
G01Z0F80；	
G02X40Z−5R5；	加工圆弧
G01Z−20；	
G03X30Z−25R5；	加工圆弧
G01Z−35；	
X20Z−45；	
Z−53；	
N2G01X16；	
G00Z100；	
X100；	
M30；	

任务三　内螺纹的加工

加工图样见图 3—3，以单件生产编程，不准用砂布及锉刀等修饰表面，锐角倒钝 C0.5、未注公差尺寸按 IT14 级查表、外圆不加工，毛坯尺寸 ϕ37mm×51mm。

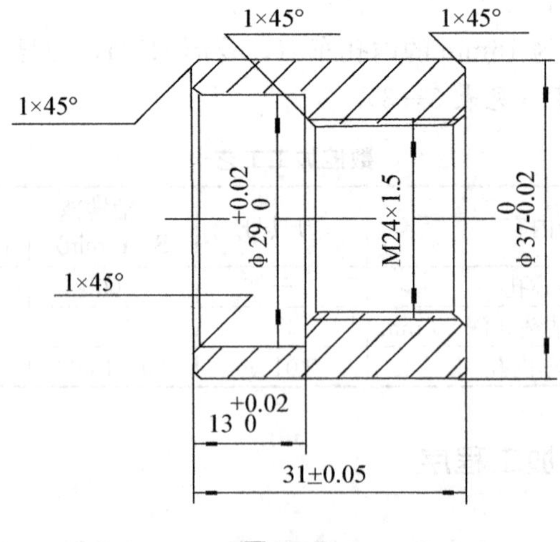

图 3—3

一、工艺分析

1．分析结构，确定装夹方案

零件的结构由内圆柱面、内螺纹等结构组成，根据要求外圆不用加工，选用直径为37mm的毛坯料，使用三爪自定心卡盘装夹，在一次装夹中即可完成加工，先用镗孔刀倒角，依次加工 ø29 及 M24X1.5 螺纹内孔，最后换内螺纹刀加工 M24X1.5 螺纹。

2．工件原点

以工件右端面的圆心为工件的原点，建立工件坐标系。

3．刀具选择

（1）选用中心钻、直径为18的钻头，打孔。

（2）采用刀杆直径为16mm的内孔车刀。

（3）采用刀杆直径为16mm的内螺纹车刀。

4．数控加工工艺卡（见表3—5）

表3—5 数控加工工艺卡

工步号	工步内容	刀具号	主轴转速 S（r/min）	进给速度 F（mm/min）	背吃刀量 ap（mm）
1	钻中心孔	—	1 000	—	—
2	用 ø18 的麻花钻钻孔深 33 mm	—	350	—	—
3	粗/精车内孔	T0101	600/1 000	100/80	1/0.5
4	粗/精车内螺纹	T0202	300	100/80	1/0.5

二、相关编程知识

1．普通螺纹有关参数计算

螺纹的直径和螺距不一样，塑性材料其计算公式为：D－P，D为公称直径，P为螺纹螺距。

螺纹高度＝0.62～0.65P，通常取0.63P，其中0.62～0.65为系数，P为螺距。

例题：内螺纹 M20×1.5。

螺纹大径根据经验可取 D＋0.2～0.3，是由于内孔加工螺纹后的变形补偿和螺纹间隙补偿量。

（1）加工螺纹底孔直径为：D－P＝20－1.5＝18.5mm；

（2）螺纹高度＝0.63P＝0.63X1.5＝0.945 mm；

（3）螺纹的大径为20.2mm。

2．螺纹切削循环指令G76

指令格式：G76C（c）R（r）E（e）A（a）X（x）Z（z）I（i）K（k）U（d）V（Δdmin）Q（Δd）P（p）F（L）；

其中：c——精整次数（1～99），一般取 1～3 次，为模态值；

r——螺纹 Z 向退尾长度（向左退为负，向右退为正），为模态值；

e——螺纹 X 向退尾长度（外螺纹时取正值，内螺纹时取负值，一般要稍大于螺纹高度），为模态值；

A——刀尖角度，在 80°、60°、55°、30°、29°和 0°六个角度中选一个；普通螺纹为 60°；

x、z——绝对值编程时，为有效螺纹终点 C 的坐标；

i——锥螺纹时螺纹两端半径差，即螺纹起点到终点的半径值。起点小于终点坐标时为负值，直螺纹时取 0 或是省略不写；

k——螺纹高度（x 轴方向上的半径值），普通外螺纹时为 0.65P；

Δdmin：最小切削深度（半径值）；

d——精加工余量（半径值），外螺纹时取“+”值，内螺纹时取“—”值；

Δd——第一次切削深度（半径值）；

P——主轴基准脉冲处距离切削起始点的主轴转角，360/头数，单头螺纹时取 0、360 或省略不写，双头时取 360/2=180；

L——螺纹导程；导程=螺距 X 头数，单头螺纹时导程=螺距；

三、编制数控车加工程序

选取工件的右端面的中心为工件坐标系的原点，加工程序如表 3—6 所示。

表 3—6

O0303	程序名
%10	
M03S600T0101；	内孔车刀
G00X16Z2；	内孔车削循环起点，注意其坐标值要与小于孔的直径对应
G71U1R0.5P150Q230U—0.5F100；	U 值为负值加工内孔
N1G00X31；	
G01Z0F80；	
X29Z—1；	倒 C1 角
Z—13；	
X24.5	
X22.5W—1；	
Z—31；	
N2X16	
G0Z99；	
X99	

M30	
O0304	加工内螺纹文件名
%11	程序名
M03S400T0202	内螺纹刀
G00X16Z3;	循环起点
G76C2R－2E－2X24.02 Z－31K0.945U0.05V0.05Q0.25F1.5	内螺纹循环加工
G0Z99	
X99	
M30	

任务四　套类零件的综合加工

加工图样见图 3—4，以单件生产编程，不准用砂布及锉刀等修饰表面，锐角倒钝 C0.5、未注公差尺寸按 IT14 级查表、外圆不加工，毛坯尺寸 ϕ50mm×51mm。

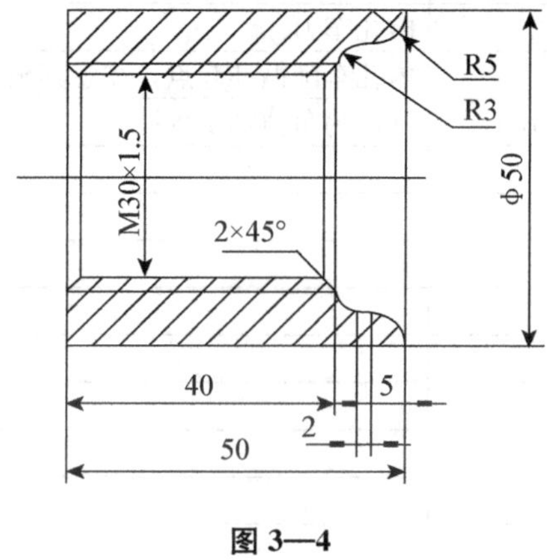

图 3—4

一、工艺分析

1. 分析结构，确定装夹方案

零件的结构由内圆弧面、内螺纹等结构组成，按要求不加工外圆，采用直径为 50mm 的毛坯料，使用三爪自定心卡盘装夹，在一次装夹中即可完成加工。

2. 工件原点

以工件右端面的圆心为工件的原点，建立工件坐标系。

3. 刀具选择

（1）选用中心钻、直径为 18 的钻头，打孔。

（2）采用刀杆直径为 16mm 的内孔车刀，菱形 R0.4。

（3）采用刀杆直径为 16mm 的内螺纹车。

4. 数控加工工艺卡（见表 3—7）

表 3—7 数控加工工艺卡

工步号	工步内容	刀具号	主轴转速 S（r/min）	进给速度 F（mm/min）	背吃刀量 ap（mm）
1	钻中心孔	—	1 000	—	—
2	用 ø18 的麻花钻钻孔深 50 mm	—	350	—	—
3	粗/精车内孔	T0101	600/1 000	100/80	1/0.5
4	粗/精车内螺纹	T0202	300		

二、编制数控车加工程序

具体内容见表 3—8。

表 3—8

%10	加工内孔
M03S600T0101；	内孔车刀
G00X16Z2；	内孔车削循环起点，注意其坐标值要与小于孔的直径对应
G71U1R0.5P150Q230U－0.5F100；	U 值为负值加工内孔
N1G00X50；	
G01Z0F80；	
G02X40Z－5R5	
W－2	
G03X34W－3R3	
G01X32.5	
X28.5W－2	
Z－50	
N2X16	
G0Z99	
X99	
M30	
%11	加工内螺纹
M03S400T0202	内螺纹刀
G00X16Z3；	循环起点
G76C2R－2E－2X30.2Z－50K0.945 U0.05V0.05Q0.25F1.5	内螺纹循环加工
G0Z99	
X99	
M30	

项目四　配合件的加工

项目目标

1. 掌握配合件加工的工艺分析能力。
2. 能熟练编制数控加工程序。
3. 能优化加工程序。

任务一　配合件的加工

按图纸要求加工如图 4—1 所示的配合件。

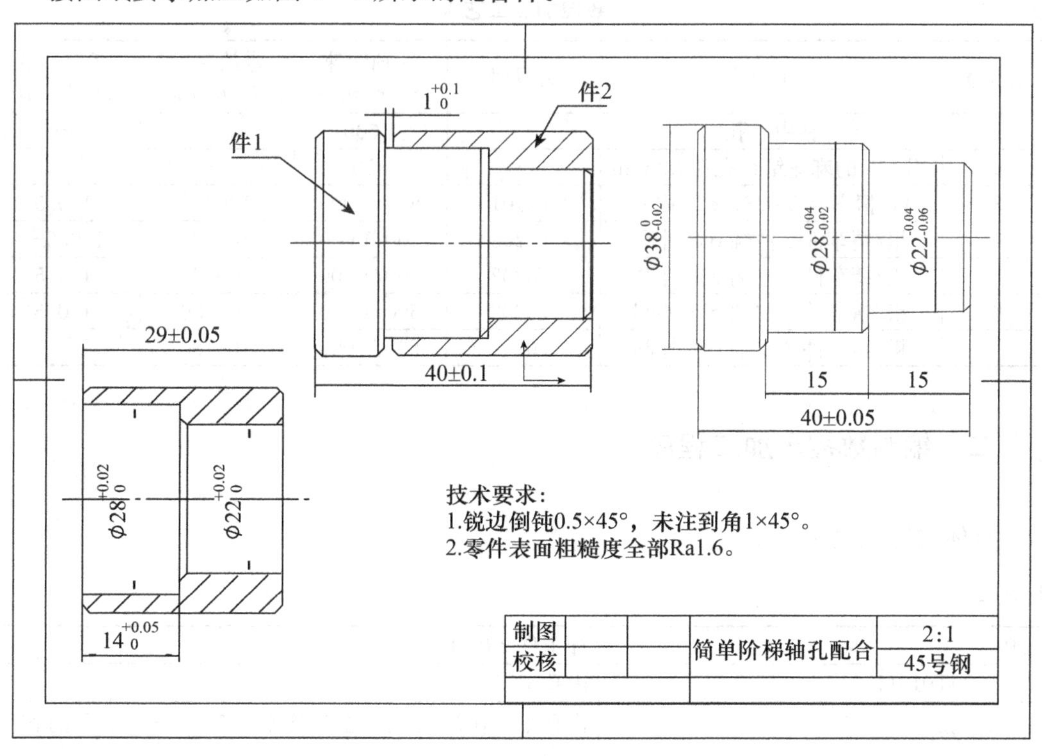

图 4—1

一、工艺分析

1. 分析结构，确定装夹方案

零件的结构由外阶梯轴、内阶梯孔配合组成，采用 ϕ40×42 及 ϕ40×32 的两毛坯料，使用三爪自定心卡盘装夹，先装夹件 2 右端伸长 20 加工 ϕ28、ϕ22 内孔及左端 ϕ38 外圆并保证总长，再装夹件 1 右端伸长 15 加工 ϕ38 外圆至长 12，调头加工件 1 装夹左端 ϕ38 外圆处伸长 34，加工右端 ϕ28、ϕ22 至尺寸要求并保证总长，最后把件 2 与件 1 套上，加工件 2 外圆右端，结束加工，如果在加工过程中配合不完整，件 2 的右端须单独加工，或是在配合加工过程中在尾座用顶尖顶住，以防止加工过程中脱落。

2. 工件原点

以装夹工件右端面的圆心为工件的原点，建立工件坐标系。

3. 刀具选择

（1）选用中心钻、直径为 18 的钻头，打孔。

（2）采用刀杆直径为 16mm 的内孔车刀。

（3）采用 90°外圆车刀。

4. 数控加工工艺卡（见表 4—1）

表 4—1 **数控加工工艺卡**

工步号	工步内容	刀具号	主轴转速 S（r/min）	进给速度 F（mm/min）	背吃刀量 ap（mm）
1	钻中心孔	—	1 000	—	—
2	用 ø18 的麻花钻钻孔深 32 mm	—	350	—	—
3	粗/精车件 2 ø28、ø22 内孔	T0101	600/1 000	100/80	1/0.5
4	粗/精车件 2 左端 ø38 外圆	T0202	600/1 000	100/80	1/0.5—
5	粗/精车件 1 左端 ø38 外圆	T0202	600/1 000	100/80	1/0.5
6	粗/精车件 1 右端 ø38 外圆	T0202	600/1 000	100/80	1/0.5
7	粗/精车件 2 左端 ø38 外圆	T0202	600/1 000	100/80	1/0.5

二、编制数控车加工程序

具体内容见表 4—2。

表 4—2

%10	加工件 2 内孔
M03S500T0101;	内孔车刀
G00X16Z2;	内孔车削循环起点，注意其坐标值要与小于孔的直径对应
G71U1R0.5P1Q2U−0.5F100;	U 值为负值加工内孔

N1G00X28；	
G01Z0F80；	
Z－14；	
X24；	
X22W－1	倒 C1 角
Z－30；	
N2X16	
G0Z99；	
X99	
M30	
%11	加工件 2 左端外圆 ϕ38 至 15
M03S600T0202	
G00X42Z3；	循环起点
G71U1R0.5P1Q2U0.5F100	循环加工
N1G0X36	
G1Z0F80	
X38Z－2	
Z－15	
N2X42	
G0X99Z99	
M30	
%12	加工件 1 左端 ϕ38 外圆
M3S600T0202	
G0X42Z3	
G71U1R0.5P1Q2U0.5F100	
N1G0X36	
G1Z0F80	
X38Z－1	
Z－12	
N2X42	
G0X99Z99	
M30	
%13	加工件 1 右端
M03S600T0202	
G0X42Z3	
G71U1R0.5P1Q2U0.5F100	
N1G0X20	
G1Z0F80	
X22Z－1	
Z－15	
X26	
X28W－1	
Z－30	

X36	
X38W－1	
N2X42	
G0X99Z99	
M30	
%14	加工件 2 右端
M03S600T0202	
G0X42Z2	
G71U1R0. 5P1Q2U0. 5F100	
N1G0X36	
G1Z0F80	
X38Z－1	
Z－17	
N2X42	
G0X99Z99	
M30	

任务二　配合件加工练习

配合件加工需要进行大量的练习，具体图样见图 4—2 至图 4—9。

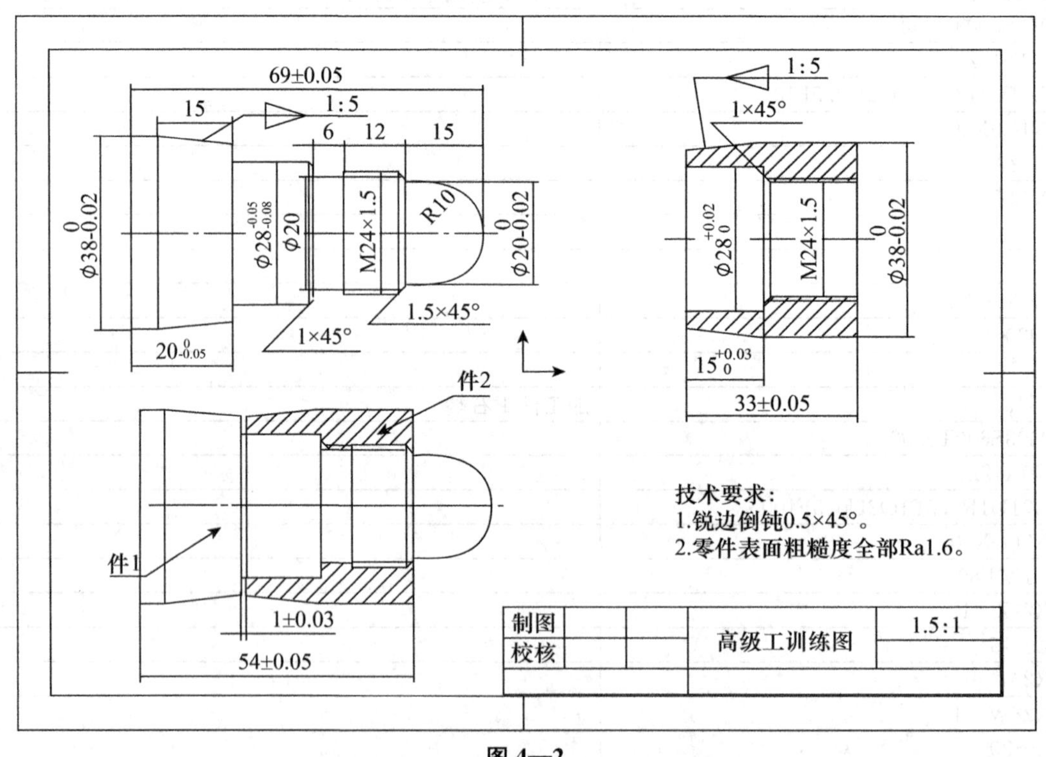

图 4—2

1:10
8.5
$14^{+0.05}_{0}$
1.5×45°
M24×1.5
Φ20
$\phi28^{-0.05}_{-0.08}$
$\phi30^{0}_{-0.03}$
Φ38±0.01
12
22.5
5
18
64.5±0.05
1:10
R2
1×45°
M24×1.5
$\phi28^{+0.02}_{0}$
Φ38±0.01
8
28
40±0.05
0.5±0.02
64.5±0.1
技术要求：
1.锐边倒钝0.5×45°。
2.零件表面粗糙度全部Ra1.6。
制图
校核
高级工训练
1.5:1

图 4—3

1×45°
1×45°
1×45°
$\phi29^{-0.02}_{0}$
M24×1.5
$\phi37^{0}_{-0.02}$
1×45°
$13^{-0.02}_{0}$
31±0.05
R13±0.02
1:5
1×45°
1×45°
R1
1.5×45°
$\phi30^{0}_{-0.02}$
$\phi37^{0}_{-0.02}$
$\phi29^{-0.04}_{-0.06}$
$\phi18^{0}_{-0.05}$
M24×1.5
6.5
14
18
5
5
5
28±0.015
70±0.05
1±0.02
60±0.05
技术要求：
1.锐边倒钝0.5×45°。
2.零件表面粗糙度全部Ra1.6。
制图
校核
综合训练
1.5:1

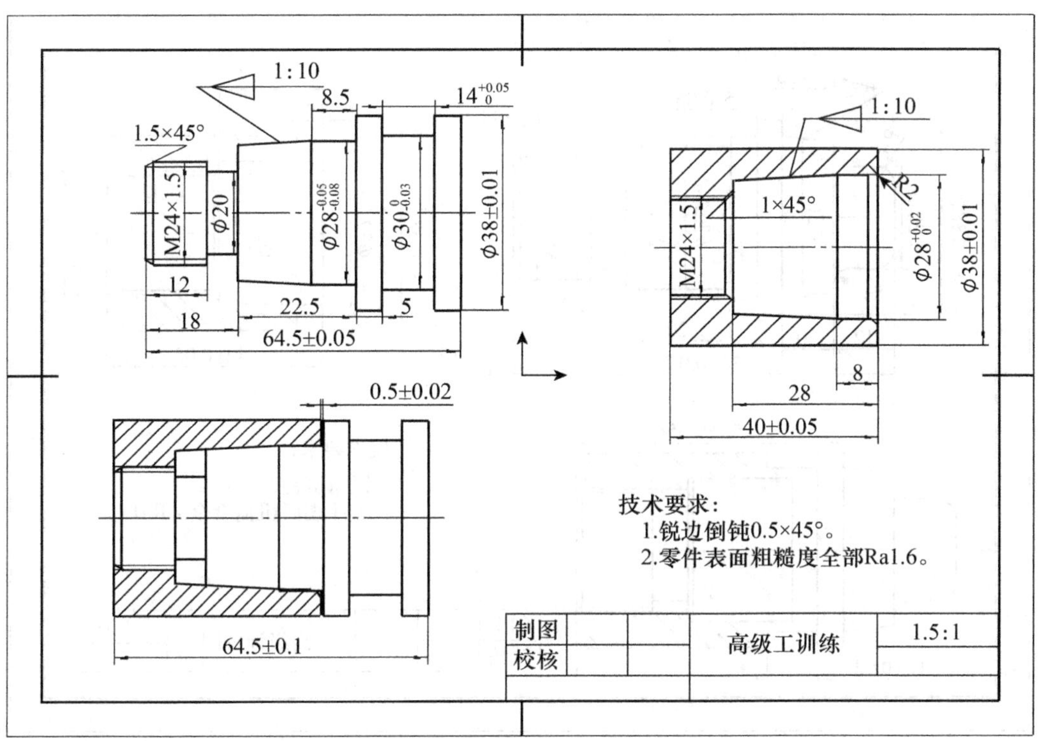

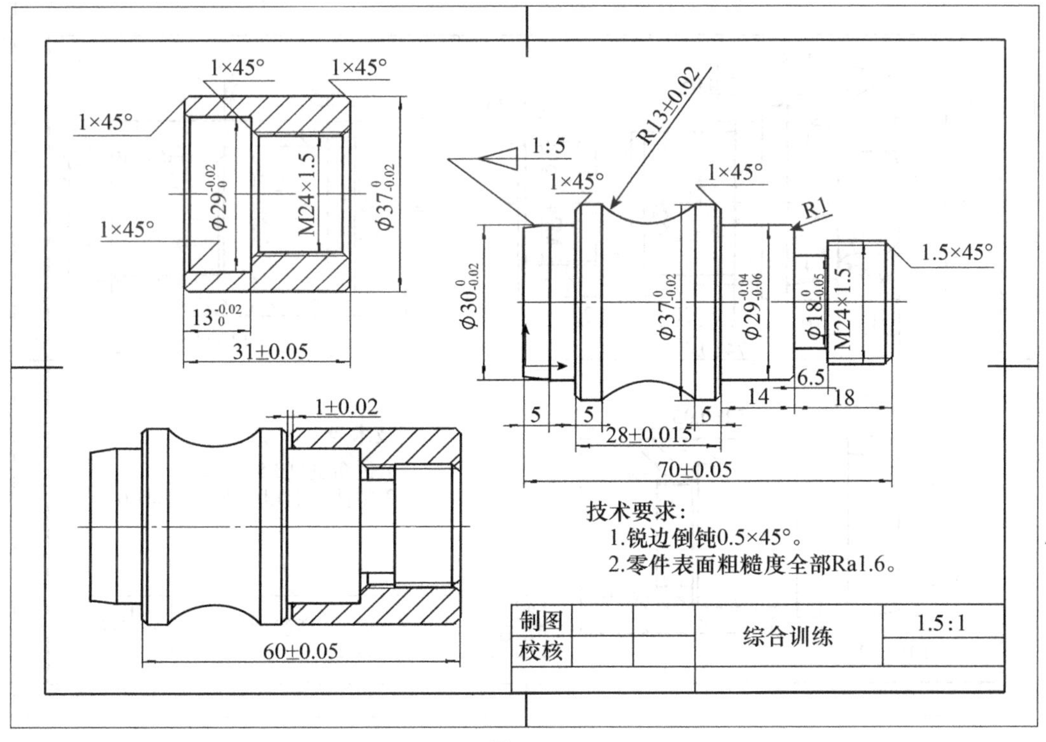

图 4—4

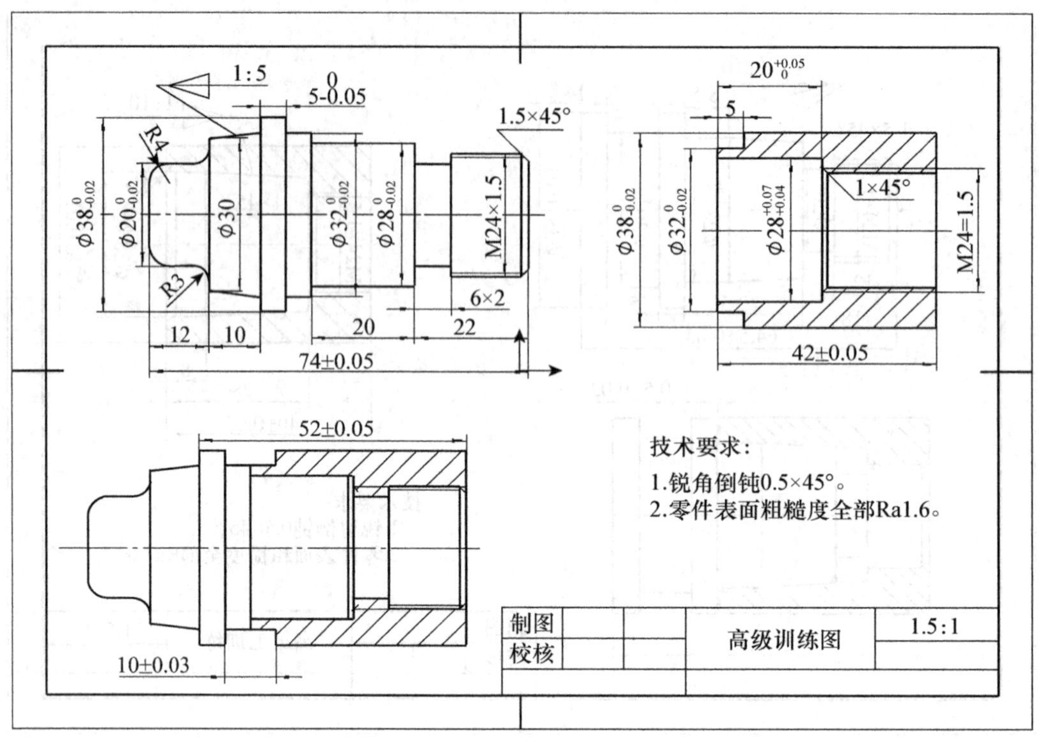

图 4—5

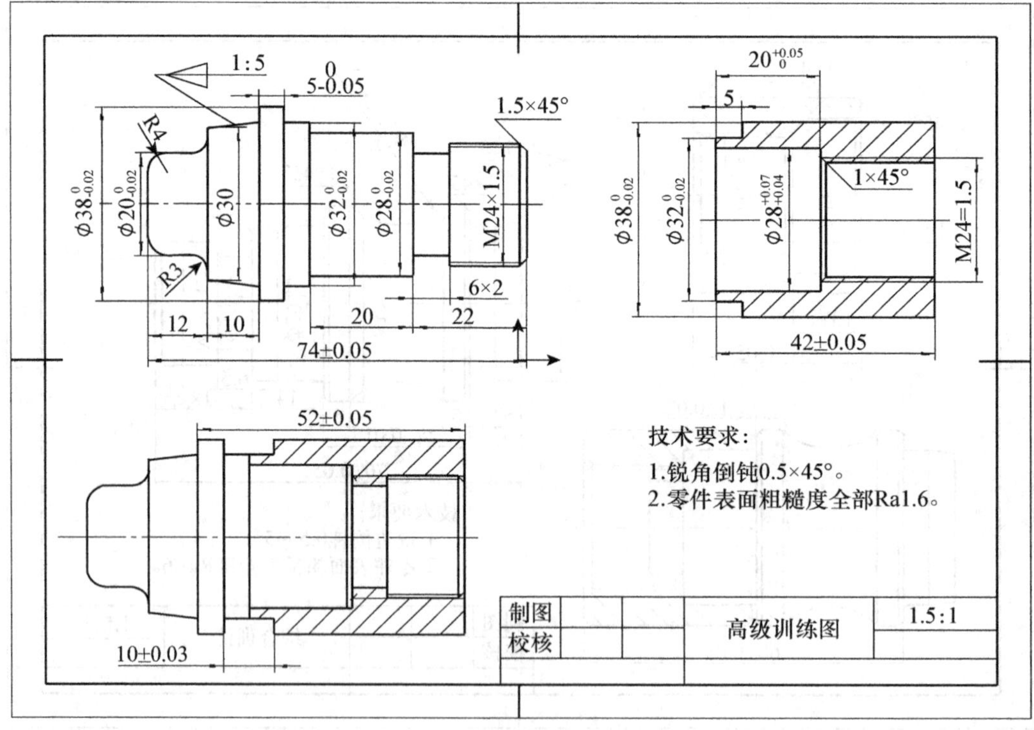

图 4—6

$15^{+0.1}_{0}$
C1
C2
$\phi48^{0}_{-0.03}$
$\phi40$
$\phi34^{+0.03}_{0}$
$\phi29$
$\phi20$
M24×1.5
C1
1:5
R10
8
20
14
5
68±0.04

件一

1:5
R10±0.03
C2
$\phi48^{0}_{-0.03}$
$\phi38^{0}_{-0.03}$
$\phi31.6$
M24×1.5
$\phi40$
$\phi34^{0}_{-0.03}$
14
7
8
14

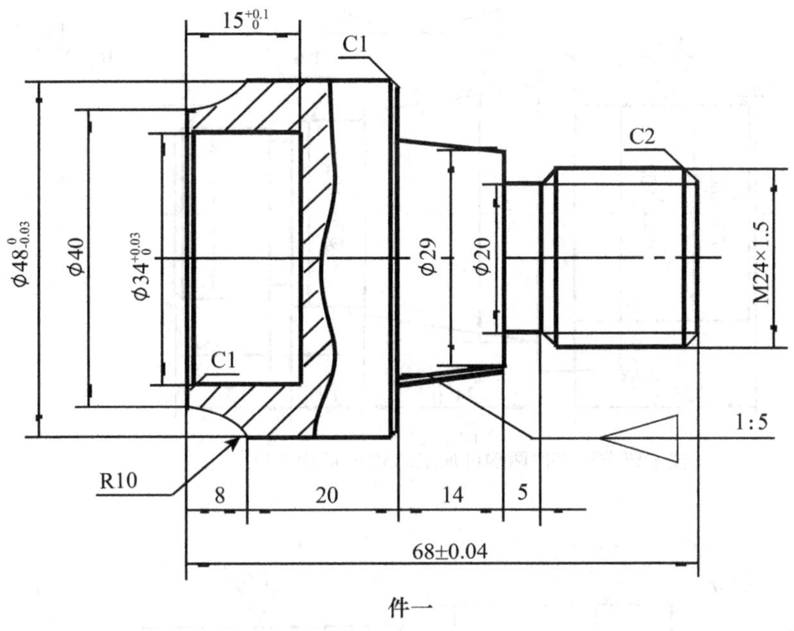

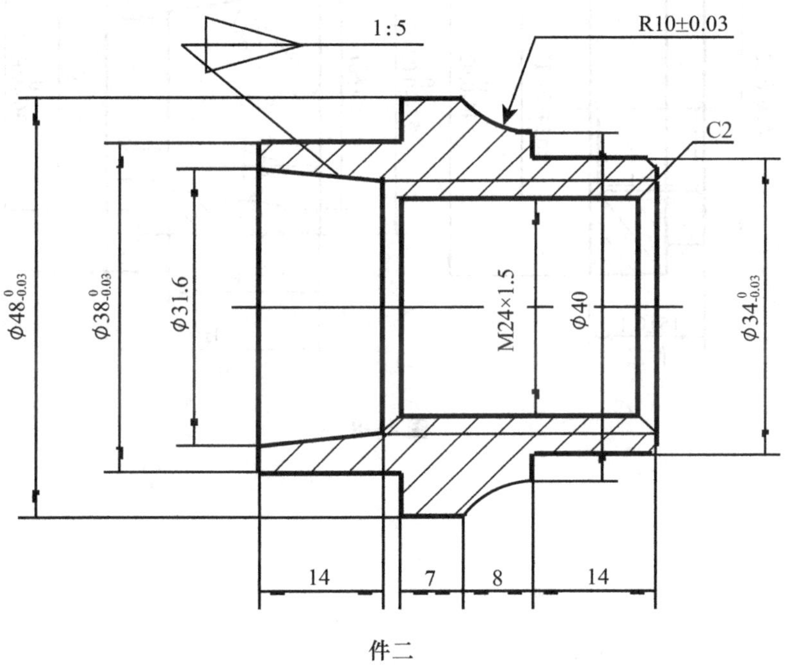

件二

图 4—7

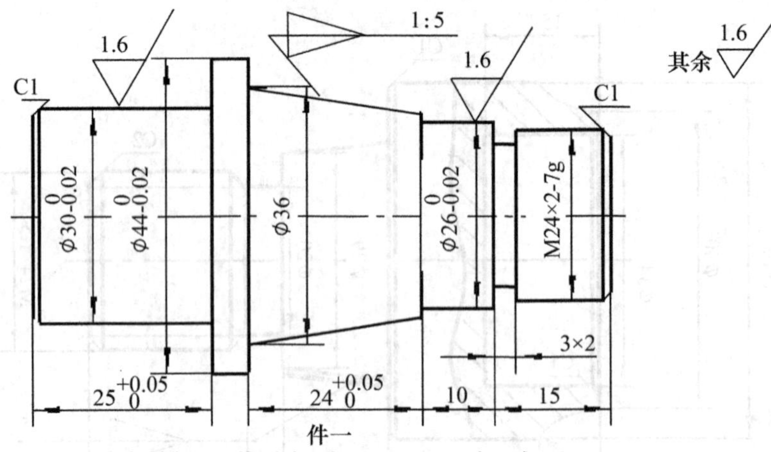

技术要求：工件两端可加工.A3.15/6.7中心空

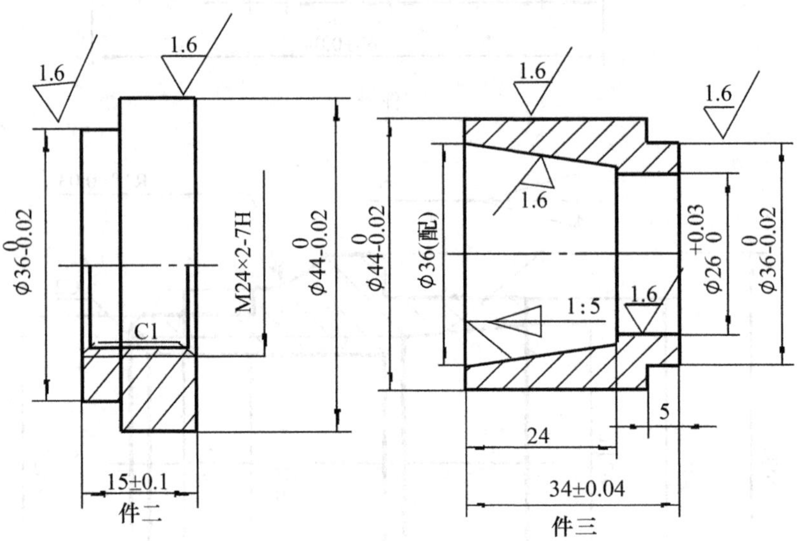

图 4—8

1:10
C1
C2
5×φ22
6.3
20
φ48-0.05
件1
φ20-0.021
φ40-0.025
φ49-0.025
M20×1.5-6H
φ32-0.05
13
1±0.2
30
15
15-0.084
0.05
88±0 1
3.2
C1
件2
φ40-0.025
φ20+0.033
φ26
1.10
φ28
5
22
29-0.1
SR24-0.3
32
C2
3.2
M20×1.5-6g
φ16
件3
12
44±0.1

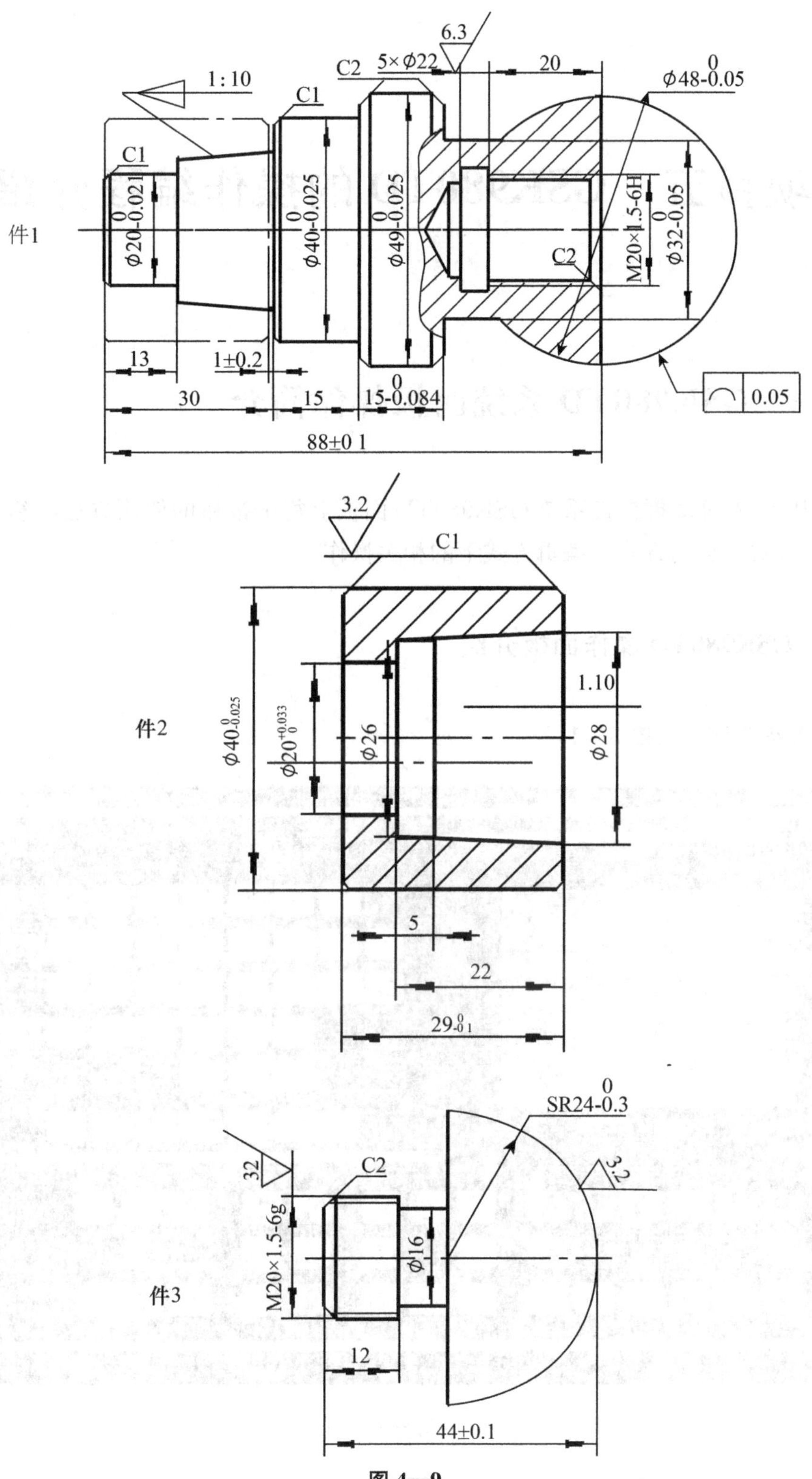

图 4—9

项目五　GSK980TD 的操作编程介绍

任务一　GSK980TD 系统面板操作简介

我们应该熟练掌握数控系统 GSK980TD 面板上每个按钮的使用方法，熟练掌握车床在手动方式、自动方式、编辑方式下的相关操作。

一、GSK980TD 操作面板介绍

1. 系统面板（见图 5—1）

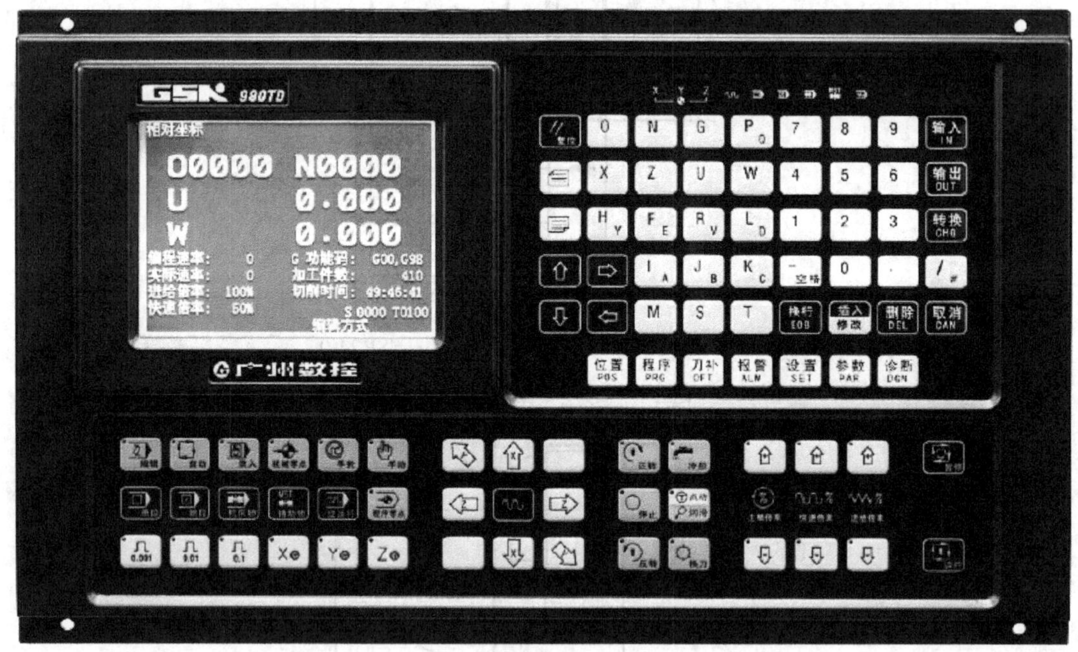

图 5—1

2. 面板划分（见图 5—2）

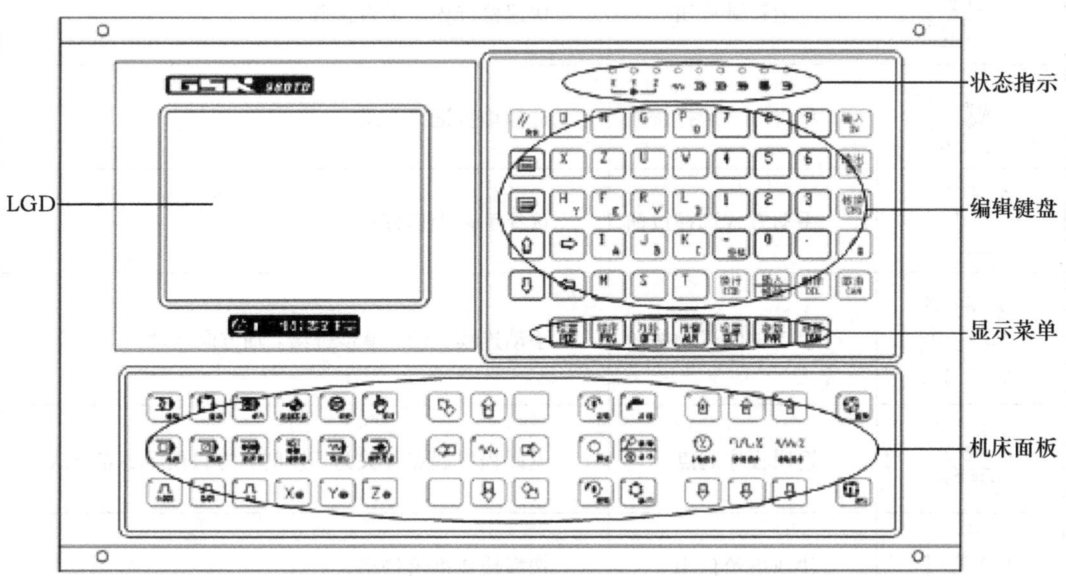

图 5—2

3. 机床操作面板各按钮的说明（见表 5—1）

表 5—1

按钮	名　称	用　途
自动	自动方式选择按钮	选择自动操作方式。
运行	循环启动按钮	自动运行的启动。在自动运行中，自动运行的指示灯亮。
暂停	进给保持按钮	在自动运转中，按操作面板上的进给保持键可以使自动运转暂时停止。
编辑	程序编辑按钮	编辑、修改、存储文件。
机床锁	机床锁住按钮	机床不移动，但位置坐标的显示和机床运动时一样，并且 M、S、T 都能执行。此功能用于程序校验。
MST 辅助锁	辅助功能锁住按钮	辅助功能锁住开关置于 ON 位置，M、S、T 代码指令不执行，与机床锁住功能一起用于程序校验。
复位	复位按钮	用 LCD/MDI 上的复位键，使自动运转结束，变成复位状态。在运动中如果进行复位，则机械减速后停止。
单段	单程序段按钮	当单程序段开关置于 ON 时，单程序段灯亮，执行程序的一个程序段后，停止。如果再按循环启动按钮，则执行完下个程序段后，停止。

空运行	空运转键按钮	快速检查程序是否正确。
手轮	单步方式选择按钮	选择单步进给方式。
手动	手动方式选择按钮	选择手动操作方式。
	手动轴向运动按钮	手动连续进给，单步进给，轴方向运动。
程序零点	返回程序起点	返回程序起点开关为 ON 时，为回程序零点方式。
	快速进给倍率	选择快速进给倍率。
0.001 0.01 0.1 1	单步/手轮移动量	选择单步一次的移动量（单步方式）。
进给倍率	进给速度倍率	在自动运行中，对进给速率进行倍率。
正转	主轴正转	主轴按逆时针方向转动。
反转	主轴反转	主轴按顺时针方向转动。
停止	主轴停止	主轴停止转动。
主轴倍率	主轴倍率	主轴倍率选择。（含主轴模拟输出时）
冷却	冷却液开关按钮	冷却液启动。（详见机床厂发行的说明书）

	主轴点动、润滑液开关按钮	主轴点动，润滑液启动。
	手动换刀	手动换刀。（详见机床厂发行的说明书）
	手轮控制轴选择键	手轮操作方式 X、Y、Z 轴选择。
	快速倍率键	快速移动速度的调整。

二、手动方式

1. 手动返回参考点

（1）按参考点方式键，选择回参考点操作方式，这时液晶屏幕右下角显示［机械回零］。

（2）按手动轴向运动开关，一直到达参考点后，方可松开。机床向选择的轴向运动。

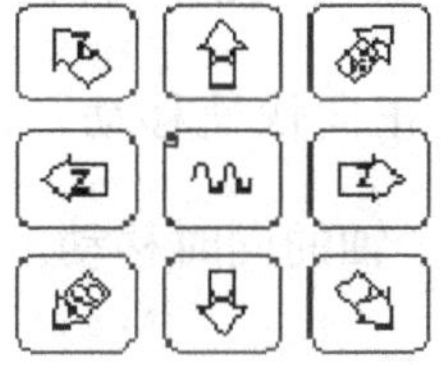

在减速点以前，机床快速移动，碰到减速开关后以 FL（参数 032 号）的速度移动到参考点。在快速进给期间，快速进给倍率有效。FL 速度由参数设定。（回零方式 B 选择时）

（3）返回参考点后，返回参考点指示灯亮。

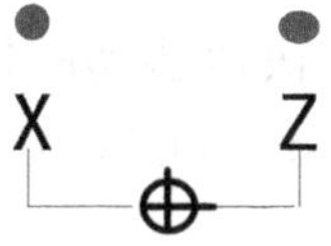

返回参考点结束指示灯

2. 手动返回程序起点

按下返回程序起点键，选择返回程序起点方式，这时液晶屏幕右下角显示［程序回零］。

3. 坐标轴移动

按下手动方式键，选择手动操作方式，这时液晶屏幕右下角显示［手动方式］。

（1）手动连续进给。

选择移动轴机床沿着选择轴方向移动，也可同时按住 X、Z 轴的方向选择键实现 2 个轴的同时运动。

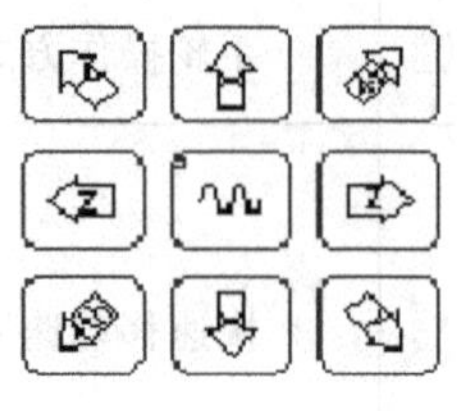

进给倍率

可按中的或修改手动进给倍率，共 16 级。

（2）手动快速移动。

当进行手动进给时，按下键，使状态指示区的指示灯亮则进入手动快速移动状态。

按下或键可使 X 轴向负向或正向快速移动，松开按键时轴运动停止；按下或键可使 Z 轴向负向或正向快速移动，松开按键时轴运动停止；也可同时按住 X、Z 轴的方向选择键实现 2 个轴的同时移动。再按下键，使状态指示区的指示灯亮则进入手动快速移动状态。

进给倍率

按中的或修改手动快速移动的倍率（也可按、、键修改快速倍率，其对应的快速倍率分别是 Fo，50%，100%。），快速倍率有 Fo，25% 50%，100%四挡。

三、单步/手轮进给

选择在单步或手轮的操作方式中，机床按选定的增量值进行移动。

1. 单步进给

（1）按下单步方式键，选单步操作方式，这时液晶屏幕右下角显示［单步方式]。

(2) 选择移动量：按下增量选择键，选择移动增量，相应的选择在液晶屏幕左下角显示。

步进进给量见表 5—2。

表 5—2 **步进进给量**

输入单位制	0.001	0.01	0.1	1
公制输入（毫米）	0.001	0.01	0.1	1

(3) 选择移动轴。

按一次轴选择键，则在此轴方向上移动移动量开关选择的进给量。

2. 手轮进给

转动手摇脉冲发生器，可以使机床微量进给。

按下手轮方式键，选择手轮操作方式，这时液晶屏幕右下角显示［手轮方式］。

选择手轮运动轴：在手轮方式下，按下相应的键，则选择其轴，所选手轮轴的地址［U］或［W］闪烁。

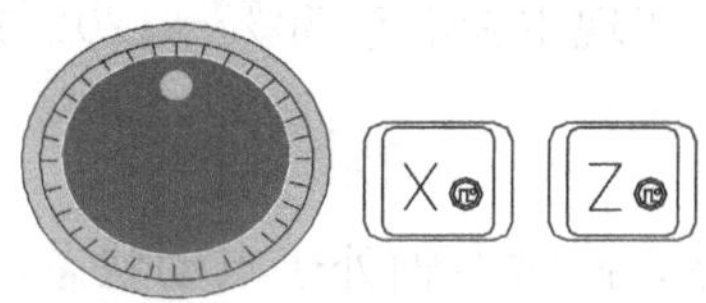

手摇脉冲发生器

顺时针：＋方向

逆时针：－方向

(1) 转动手轮。

(2) 选择移动量：按下增量选择键，选择移动增量，相应在屏幕左下角显示移动增量。

四、手动辅助功能操作

1. 手动换刀

换刀 手动/手轮/单步方式下，按下此键，刀架旋转换下一把刀。

2. 冷却液开关

手动/手轮/单步方式下，按下此键，同带自锁的按钮，进行‘开→关→开……’切换。

3. 主轴正转

手动/手轮/单步方式下，按下此键，主轴正向转动启动。

4. 主轴反转

：手动/手轮/单步方式下，按下此键，主轴反向转动启动。

5. 主轴停止

：手动/手轮/单步方式下，按下此键，主轴停止转动。

键指示灯：无论是在何种方式下，只要主轴停止，键指示灯则亮，否则指示灯灭。

6. 主轴倍率调整

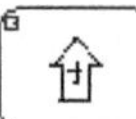

主轴倍率

可改变主轴速度，实现主轴倍率50％～120％共八级调节。

7. 主轴点动

按键使指示灯变亮，此时主轴处于点动状态。按键，主轴正转点动；按键，主轴反转点动。键指示灯灭时，主轴点动功能无效，此键为润滑开关。

五、编辑方式

1. 程序内容的输入

(1) 按键进入编辑操作方式。

(2) 按键进入程序界面，按或键选择程序内容显示页面。

```
程序内容    行6    列 1   O0008 N0000
O0008;（CNC PROGRAM.20051020）
G50 X0 Z0;
G1 X100 Z100 F200;
G2 U100 W50 R50;
G0 X0 Z0;
X100 Z100;
M30;
%

                         S 0000 T0100
                        编辑方式
```

（3）依次键入地址键 O 、数字键 0 、 0 、 0 、 1 （以建立 O0001 程序为例）。

```
程序内容    行6    列 1   O0008 N0000
O0008;（CNC PROGRAM.20051020）
G50 X0 Z0;
G1 X100 Z100 F200;
G2 U100 W50 R50;
G0 X0 Z0;
X100 Z100;
M30;
%

  O0001                  S 0000 T0100
                        编辑方式
```

（4）按下 EOB ，建立新程序。

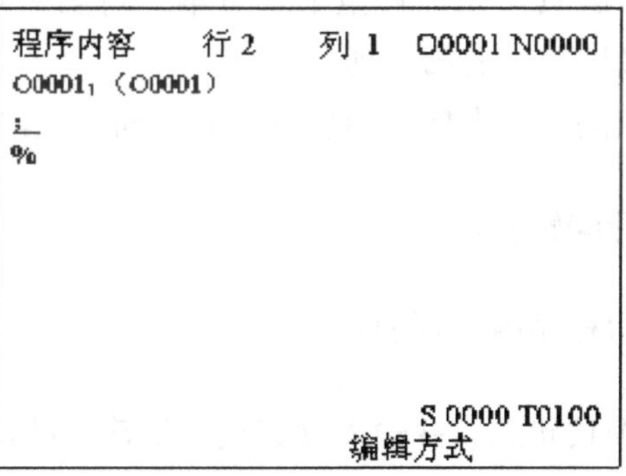

```
程序内容    行2    列 1   O0001 N0000
O0001;（O0001）
;
%

                         S 0000 T0100
                        编辑方式
```

（5）按照编制好的零件程序逐个输入，每输入一个字符，在屏幕上立即给予显示输入的字符（复合键的处理是反复按此复合键，实现交替输入），一个程序段输入完毕，按 EOB 键结束。

（6）按步骤（5）的方法可完成程序其他程序段的输入。

2．字的插入、修改、删除

存入存储器中程序的内容，可以改变。

（1）把方式选择为编辑方式。

（2）按［程序］键，显示程序画面。

（3）选择要编辑的程序。

（4）检索要编辑的字。

（5）进行字的修改、插入、删除等编辑操作。

下面具体介绍字符的检索。

第一种方法——扫描法：光标逐个字符扫描。

（1）按[编辑]键进入编辑操作方式，按[程序 PRG]键选择程序内容显示页面。

（2）按[⇧]键，光标上移一行；若当前光标所在的列数大于上一行总的列数，光标移到上一程序段段尾（“;”号上）。

（3）按[⇩]键，光标下移一行，光标上移一行；若当前光标所在的列数大于下一行总的列数，光标移到下一行末尾（“;”号上）。

（4）按[⇨]键，光标右移一列；若光标在行末，光标则移到下一程序段段首。

（5）按[⇦]键，光标左移一列；若光标在行首，光标移到下一程序段段尾。

（6）按[翻页]键，向上翻页，光标移至上一页第一行第一列；若向上翻页到程序内容首页，则光标移至第二行第一列。

（7）按[翻页]键，向下翻页，光标移至下一页第一行第一列；若已是程序内容最后一页，则光标移至程序最后一行的第一列。

第二种分法——查找法：从光标当前位置开始，向上或向下查找指定的字符。

（1）按[编辑]键，选择编辑操作方式；

（2）按[程序 PRG]键，显示程序内容页面；

（3）按[转换 CHG]键进入查找状态，并输入欲查找的字符，最多可以输入 10 位；

（4）按[⇧]键或[⇩]键（根据欲查找字符与当前光标所在字符的位置关系确定按键）；

（5）查找完毕，CNC 仍然处于查找状态，再次按[⇧]键或[⇩]键，可以查找下一位置的字符，也可按[转换 CHG]键退出查找状态。

（6）如未查找到，则出现“检索失败”提示。

3. 程序删除

删除存储器中的程序，操作如下：

(1) 选择编辑方式；

(2) 按［程序］键，显示程序画面；

(3) 按地址 O；

(4) 用键输入程序号；

(5) 按 DEL 键，则对应键入程序号的存储器中程序被删除。

如果删除存储器中的全部程序，操作如下：

(1) 选择编辑方式；

(2) 按［程序］键，显示程序画面；

(3) 按地址键 O；

(4) 输入－9999 并按 DEL 键。

4. 回程序开头的方法

具体操作如下：

(1) 在编辑操作方式、程序显示页面中，按 // 复位 键，光标回到程序开头；

(2) 用检索方法检索程序开头字符。

5. 字符的插入

具体操作如下：

(1) 选择编辑操作方式。

(2) 按 插入 修改 键进入插入状态（光标为一下划线）。

(3) 输入插入的内容。

6. 字符的删除

(1) 选择编辑操作方式。

(2) 按 取消 CAN 键删除光标处的前一字符；按 删除 DEL 键删除光标所在处的字符。

7. 字符的修改

(1) 插入修改法：先删除要修改的字符再插入要修改的字符。

(2) 直接修改法：

(a) 选择编辑操作方式。

(b) 按 插入 修改 键进入修改状态（光标为一矩形反显框）。

(c) 输入修改后的字符。

8. 单程序段的删除

此功能仅适用于有程序段号且程序段号在行首或程序段号前只有空格的程序段。

（1）选择编辑操作方式。

（2）移动光标至要删除的程序段的行首（第 1 列），按[删除 DEL]键即可。

注：如果该程序段没有程序段号，则在该段行首输入 N，光标前移至 N 上，按[删除 DEL]键即可。

六、GSK980TD 系统的对刀方法

1. 操作步骤（以工件端面建立工件坐标系）

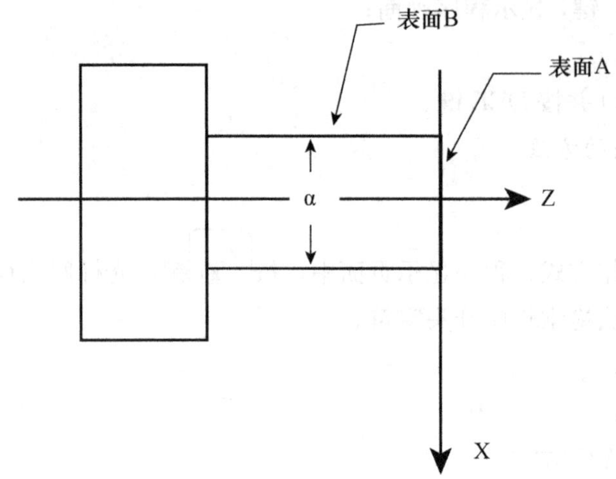

（1）选择任意一把刀，使刀具沿 A 表面切削；
（2）在 Z 轴不动的情况下沿 X 轴退出刀具，并且停止主轴旋转；

（3）按[刀补 OFT]键进入偏置界面，按[⇧]键或[⇩]键移动光标选择该刀具对应的偏置号；

（4）依次键入地址键[Z]、数字键[0]及[输入 IN]键；
（5）使刀具沿 B 表面切削；
（6）在 X 轴不动的情况下，沿 Z 轴退出刀具，并且停止主轴旋转；
（7）测量直径“α”（假定 α=15）；

（8）按[刀补 OFT]键进入偏置界面，按[⇧]键、[⇩]键移动光标选择该刀具对应的偏置号；

（9）依次键入地址键[X]、数字键[1]、[5]及[输入 IN]键；
（10）移动刀具至安全换刀位置，换另一把刀；

(11) 其他刀具对刀方法重复步骤 (1) ～ (10)。

2. 刀具偏置值的修改

按[刀补 OFT]键进入偏置界面，通过[▤]键、[▤]键分别显示 No. 000～No. 032 偏置号。

刀具偏置			O0008 N0000	
序号	X	Z	R	T
_000	0.000	0.000	0.000	0
001	-90.720	-116.424	0.000	0
002	0.000	0.000	0.000	0
003	0.000	0.000	0.000	0
004	0.000	0.000	0.000	0
005	0.000	0.000	0.000	0
006	0.000	0.000	0.000	0
007	0.000	0.000	0.000	0
相对坐标				
U	0.000	W 0.000		
序号 000		S 0000 T0100		
		录入方式		

增量值输入：

(1) 按[刀补 OFT]键进入偏置界面，通过[▤]键、[▤]键选择需要的页；

(2) 移动光标至要输入的刀具偏置号的位置；

(3) 按[⇧]键、[⇩]键移动光标选择该刀具对应的偏置号；

(4) 如要改变 X 轴的刀具偏置值，键入 U；对于 Z 轴，键入 W；

(5) 键入增量值；

(6) 按[输入 IN]键，把现在的刀具偏置值与键入的增量值相加，其结果作为新的刀具偏置值显示出来。

示例：已设定的 X 轴的刀具偏置值为 5.678。

用键盘输入增量 U 1.5。

则新设定的 X 轴的刀具偏置值为 7.178（=5.678+1.5）。

任务二　相关编程知识

1. 外圆/内圆粗加工切削循环 G71

功能：此循环适合切削余量较大，而且工件是沿径向单调递增或递减轮廓。

指令格式：G71 U (Δd) R (Δe)；

G71 P (ns) Q (nf) U (Δu) W (Δw) F (f) S (s) T (t)；

说明：

(1) Δd：X 方向的进刀量，无正负号，半径指定，模态指令；

(2) Δe：X 方向的退刀量，模态指令；

(3) ns：精加工轮廓程序段中开始程序段的段号；

(4) nf：精加工轮廓程序段中结束程序段的段号；

(5) Δu：X 轴向精加工余量，直径指定；为正值时加工外圆，负值时加工内孔指令；

(6) Δw：Z 轴向精加工余量；

(7) f：粗加工的切削进给速度。

注：

G71 加工的路线是沿着工件的轴向进行循环加工，即加工的路线平行于 Z 轴。加工的零件的轮廓不能带有凹槽，X 值必须是随着 Z 值的增加或减小。

2. 精加工循环（G70）

指令格式：G70 P（ns）Q（nf）F（f）；

说明：

(1) ns：精加工轮廓程序段中开始程序段的段号；

(2) nf：精加工轮廓程序段中结束程序段的段号；

(3) f：F 代码（进给量）。

注：

(1) G70 主要是在 G71、G72、G73 粗车循环后的精车循环指令。

(2) 由 G71 完成粗加工后，用 G70 进行精加工。精加工时，G71 程序段中的 F、S、T 指令对 G70 无效，只有在 ns～nf 程序段中的 F、S、T 指令对 G70 才有效。

3. 闭环切削循环 G73

功能：此循环适合重复地执行一个固定的切削模式。

指令格式：G73 U（Δi）W（Δk）R（d）；

G73 P（ns）Q（nf）U（Δu）W（Δw）F（f）S（s）T（t）；

说明：

Δi：X 轴方向的退刀距离及方向，半径值，指定粗车时径向的加工余量，模态指令，其计算公式为：（工件的最大直径－工件的最小直径）/2；

Δk：Z 轴方向的退刀距离及方向，Z 向的加工余量，通常可取 0 或是省略不写；

d：分割次数，即粗加工（进刀）循环次数，其计算公式为：（工件的最大直径－工件的最小直径）/每次切削量，每次的切削量可取 0.5～3mm；

Δe：退刀量；

ns：精加工轮廓程序段中开始程序段的段号；

nf：精加工轮廓程序段中结束程序段的段号；

Δu：X 轴向精加工余量，直径指定，模态指令；

Δw：Z 轴向精加工余量，模态指令；

f：粗加工的切削进给速度。

任务三　数控车削加工

一、轴加工

加工如图 5—3 所示的零件，材料为 45＃钢件。

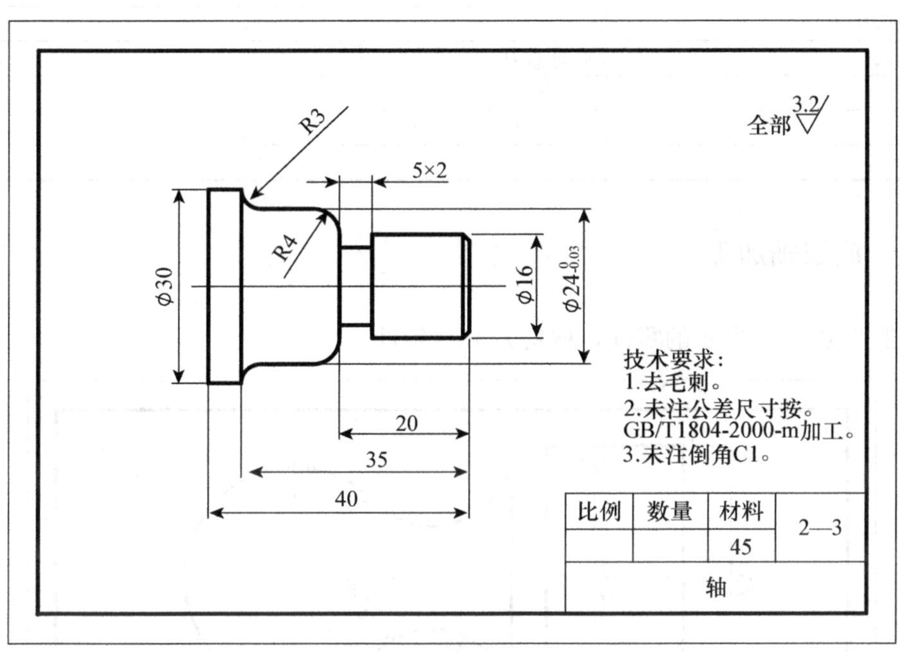

图 5—3

数控车削加工的具体程序如表 5—3 所示。

表 5—3

O0203	程序名
M03S600T0101；	主轴正转 600r/min，选用 1 号刀具
G00X32Z2；	粗车循环起点
G71U1R0.5；	粗车被吃刀量 1mm，退刀量 1mm
G71P1Q2U0.5F100；	X 精加工余量 0.5mm，进给速度 100mm/min
N1G00X14；	精加工起点
G01Z0；	
X16Z−1；	
Z−20；	
G03X24Z−24R4；	加工第一段圆弧
G01Z−32；	
G02X30Z−35R3；	加工第二段圆弧
G01Z−43；	

N2X32；	精加工终点
G70P1Q2S1000F80；	精加工循环，主轴正转 1 000r/min，进给速度 80mm/min
G00X100Z100；	快速退到换刀点
T0202；	换切槽刀，刀宽 4mm
M03S400；	主轴转速 400r/min，准备切槽
G00X24Z－20；	
G01X12F30；	
G00X24	
Z－19	
G01X12F30	
G00X100；	X 向退刀
Z100；	Z 向退刀
M05；	
M30；	

二、成型轴加工

加工如图 5—4 所示的零件，材料为 45＃钢件。

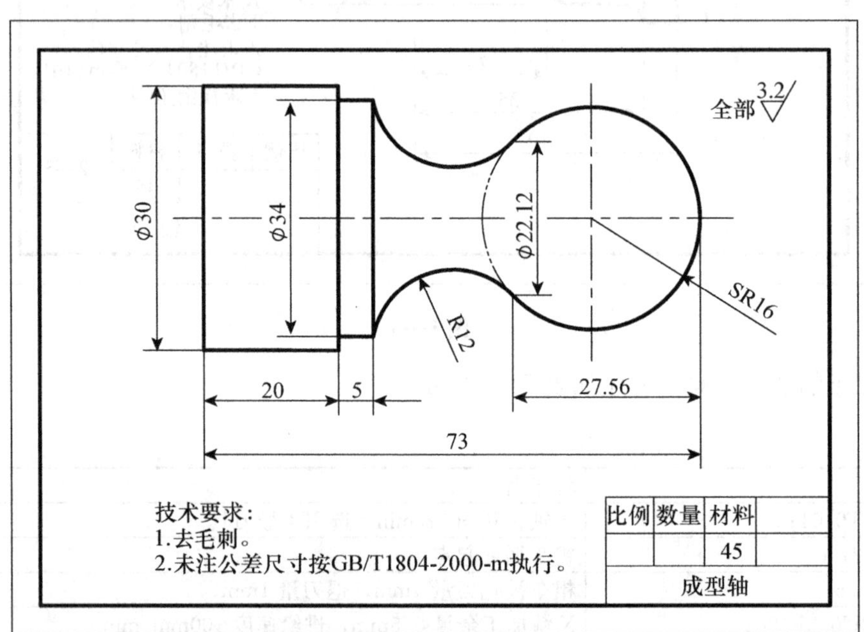

图 5—4　成型轴

数控车削加工的程序如表 5—4 所示。

表 5—4

O0204	程序名
M03S600T0101；	主轴正转 600r/min，选用 1 号刀具
G00X40Z2；	粗车循环起点

G73U20R20；	X 向加工总量为 20 mm，加工次数 20 次
G73P1Q2U0.5F100；	X 精加工余量 0.5mm，进给速度 100mm/min
N1G00X0；	精加工起点
G01Z0；	
G03X22.12Z－27.56R16；	加工第一段圆弧
G02X34Z－48R12；	加工第二段圆弧
G01W－5；	
X38；	
Z－78；	
X42；	
N2G0Z2	用 G0 回到循环起点加快速度
G70P2Q2S1000F80；	精加工循环，主轴正转 1 000r/min，进给速度 80mm/min
G00X100Z100；	快速退到换刀点
T0202；	换切断刀，刀宽 4mm
M03S400；	主轴转速 400r/min，准备切断
G00X40Z－77；	
G01X0.1F30	
G00X100；	X 向退刀
Z100；	Z 向退刀
M05；	
M30；	

三、螺纹加工

1. 螺纹有关参数计算

螺纹的直径和螺距不一样，其牙深＝螺距×0.65，其中 0.65 为系数。

例题 1 外螺纹 M20×1.5

（1）牙深＝1.5×0.65＝0.975mm。

（2）螺纹的小径尺寸为 20－2×0.975＝18.05。

2. 螺纹切削循环指令 G92

指令格式：G92 X（U）__ Z（W）R __ F __；

说明：

（1）X，Z 代表目标点的绝对坐标；U，W 代表目标点的相对坐标；

（2）X（U）坐标按直径值输入；

（3）R：锥度量，螺纹起点到终点的半径值，起点小于终点坐标时为负值；

（4）F 表示螺纹的导程。

用途：主要用于加工圆柱、圆锥螺纹。

3. 复合螺纹切削循环指令 G76

指令格式：G76 P（m）（r）（α）Q（Δdmin）R（d）；

G76 X（U）Z（W）R（i）P（k）Q（Δd）F（I）；

说明：

X（U）Z（W）：螺纹终点坐标值；

P（m）：螺纹精车次数 00～99（单位：次）

（r）：螺纹退尾长度 00～99，（单位：0.1L，L 为螺纹螺距），执行后，系统参数修改为次数，并保持有效，对 G92、G76 有效。

（α）：相邻两牙螺纹的夹角，取值范围为 00～99，单位：度。

Q（Δdmin）：螺纹粗车时的切削量，取值范围为 00～99 999（单位：0.001mm，无符号，半径值）。

R（d）：螺纹精车余量，取值范围为：00～99.999（单位：mm，无符号，半径值）。

R（i）：螺纹锥度，螺纹起点与终点的 X 轴绝对坐标差值，取值范围为－9 999.999～9 999.999，单位毫米，半径值。为 0 时省略。

P（k）：螺纹牙高，螺纹切削深度，取值范围为：1～999 999 999，单位：0.001 毫米，半径值，无符号。

Q（Δd）：第一次螺纹切削深度，取值范围为：1～999 999 999，单位：0.001 毫米，半径值无符号。

F（I）：F，米制螺纹螺距，取值范围为 0 <F≤500 毫米；I，英制螺纹每英寸的螺纹牙数，取值范围为：0.06～25 400 牙/英寸。

4. 举例（如图 5—5 所示）

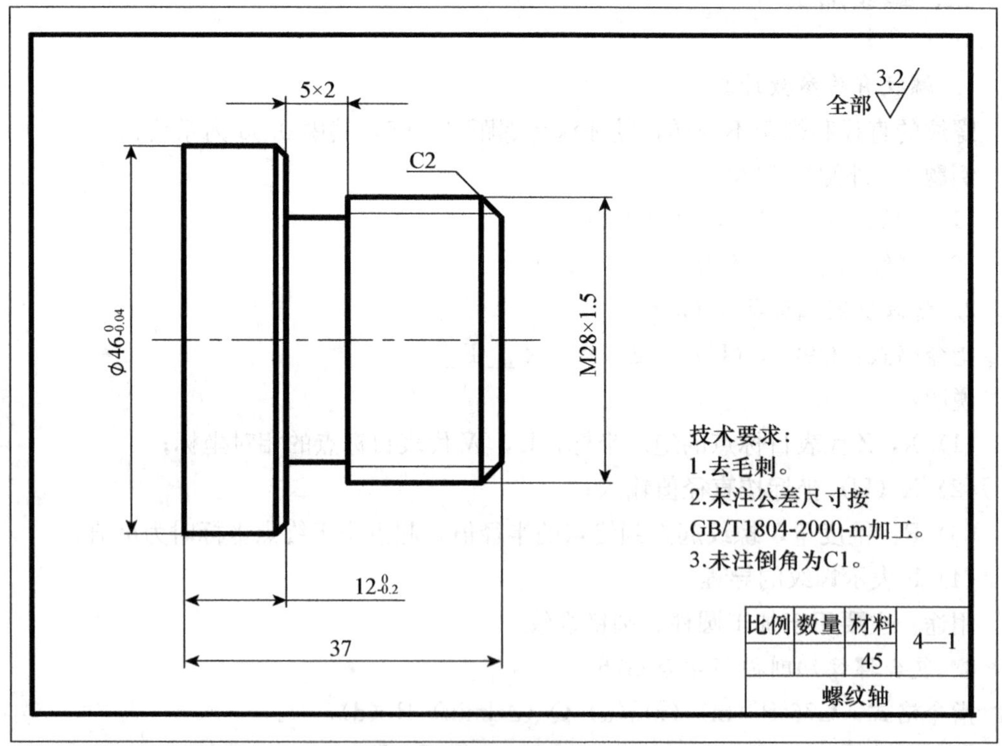

图 5—5

用 G92 编程的数控车削加工程序如表 5—5 所示。

表 5—5

O0501	程序名
M03S600T0101；	主轴正转 600r/min，选用 1 号刀具
G00X49Z2；	加工外圆
G71U1R0.5；	
G71P1Q2U0.5F100；	
N1G00X24；	
G01Z0；	
X28Z－2；	
Z－25；	
X44；	
X46Z－26；	
Z－40；	
N2X49；	
G70P1Q2S1000F80；	
G00X100Z100；	退到换刀点
T0202；	换车刀，准备加工退刀槽刀头 4mm
M03S350；	
G00X50Z－25；	
G01X24F30；	
X28；	
Z－24；	
X24	
G00X30；	
G00X100Z100；	
T0303；	换螺纹刀
M03S350；	
G00X30Z10；	螺纹切削循环起点
G92X27.4Z－21F1.5；	螺纹切削指令
X27；	
X26.6；	
X26.2；	
X26.05；	螺纹小径尺寸
X26.05；	
G00X100；	退刀
X100；	
T0202；	
M03S350F0.05；	
G00X48Z－40；	
G01X0；	

G00X100Z100；	
M05；	
M30；	

用 G76 编程的数控车削加工程序如表 5—6 所示。

表 5—6

O0501	程序名
M03S600T0101；	主轴正转 600r/min，选用 1 号刀具
G00X49Z2；	加工外圆
G71U1R0.5；	
G71P1Q2U0.5F100；	
N1G00X24；	
G01Z0；	
X28Z−2；	
Z−25；	
X44；	
X46Z−26；	
Z−40；	
N2X49；	
G70P1Q2S1000F80；	
G00X100Z100；	退到换刀点
T0202；	换车刀，准备加工退刀槽刀头 4mm
M03S350；	
G00X50Z−25；	
G01X24F30；	
X28；	
Z−24；	
X24	
G00X30；	
G00X100Z100；	
T0303；	换螺纹刀
M03S350；	
G00X30Z10；	螺纹切削循环起点
G76P020060Q30R0.2；	螺纹切削指令
G76X26.05Z−21P1200Q300F1.5；	
G00X99Z99	
M05	
M30	

项目六　宏程序基础知识

项目目标

1. 掌握宏程序的基本知识。
2. 掌握宏程序的基本编程方法。
3. 能根据曲线方程进行程序编程。

任务一　宏程序概述

任用宏程序可以加工非圆的一些曲线，如抛物线、双曲线、椭圆等，而一些指令是不能加工出这些形状，宏程序是通过使用变量、算术和逻辑运算以及条件转移，来完成数控操作，这使得相同编程的操作的程序更方便、更容易。

数控车操作系统，一般只能作直线插补和圆弧插补的切削运动，如果工件轮廓是非圆曲线如椭圆、抛物线、二次曲线和特殊曲线等，数控系统是无法直接实现插补的，而需要通过一定的数学处理。数学处理的方法是用直线或圆弧段去逼近非圆曲线。逼近线段与被加工曲线的交点称为节点。所以在编程时，首先要计算出节点的坐标，节点的计算一般都很复杂，靠手工计算已很难胜任，必须借助计算机处理，求得个节点后，就可按相邻两节点的直线来编程加工程序。

在宏程序编程中，它的作用是根据所加工的轮廓的线性规律，来计算各节点的坐标，通过实现各坐标间的移动来实现加工。

宏程序编程，需要学生有一定的逻辑思维能力和数学各线性方程的处理能力。

一、变量

1. 定义

变量用一个名称表示一个数，通过程序或操作面板对其赋值，也可以参与运算。使用用户宏程序时，数值可以直接指定或用变量指定。

（1）表示：变量用变量符号＃和后面的变量号指定，变量号是整数的，如：＃3、

＃4、＃10 等等；变量号是表达式的，如：＃[＃1＋＃3＋3]，当＃1＝2，＃3＝1，那么＃[＃1＋＃3＋3]＝6；＃[＃1＊2]，当＃1＝2，那么＃[＃1＊2]＝4。

（2）类型：华中系统规定变量的类型由变量号区分，共分为五类，如表 6—1 所列。

表 6—1　　变量的类型

变量号	变量类型
＃0～＃49	当前局部变量
＃50～＃199	全局部变量
＃200～＃249	0 层局部变量
＃250～＃299	1 层局部变量
＃300～＃349	2 层局部变量

（3）表达式：定义用运算符连接起来的常数，宏变量构成表达式。例如：175/SQRT[2]＊COS[55＊PI/180]。

（4）变量赋值：运算符“＝”。例如＃3＝6，把 6 值赋给＃3。

（5）变量运算：变量＝常数（表达式）。变量运算如表 6—2 所示。

表 6—2　　变量的常用算术逻辑运算

功能	格式	备注
赋值	＃i＝＃j	注： 1. 函数名可以用该函数的前两个字母确定。如：ROUND—RO；FIX—FI。 2. 运算法则，运算次序：括号［］—函数—乘和除运算—加和减运算。 3. 括号可以使用 5 级，包括函数使用的括号。 4. 算术和逻辑运算的其他使用规则和限制根据系统不同查阅数控使用手册。 5. 角度以度制定：90°30′表示为 90.5°；反正弦切中［＃j］、［＃k］表示两条边长。
加法 减法 乘法 除法	＃i＝＃j＋＃k ＃i＝＃j－＃k ＃i＝＃j×＃k ＃i＝＃j/＃k	
正弦 反正弦 余弦 反余弦 正切 反正切	＃i＝SIN[＃j] ＃i＝ASIN[＃j] ＃i＝COS[＃j] ＃i＝ACOS[＃j] ＃i＝TAN[＃j] ＃i＝ATAN[＃j]/[＃K]	
平方根 绝对值 舍入 上取整 下取整 自然对数 指数函数	＃i＝SQRT[＃j] ＃i＝ABS[＃j] ＃i＝ROUND[＃j] ＃i＝FIX[＃j] ＃i＝FUP[＃j] ＃i＝LN[＃j] ＃i＝EXP[＃j]	

二、常量

PI：圆周率Π。

TRUE：条件成立（真）。

FALSE：条件不成立（假）。

三、程序流向控制语句

1. 赋值语句

格式：宏变量＝常数或表达式。

把常数或表达式的值送给一个宏变量称为赋值。

例如：＃2＝175/SQRT[2]＊COS[55＊PI/180]；

＃3＝124.0。

2. 条件判别语句

格式（i）：IF 条件表达式：

```
…
ELSE
…
ENDIF
```

格式（ii）：IF 条件表达式：

```
…
ENDIF
```

3. 循环语句

格式：WHILE 条件表达式：

```
…
ENDW
```

条件判别语句和循环语句的使用参见任务二。

任务二　宏程序的编程练习

例 1：用宏程序编制如图 6—1 所示抛物线在 A 区间［0，8］内的程序。

```
%3401
N1 T0101
N2 G37
N3＃10＝0；　A 坐标
N4 M03 S600
```

```
N5 WHILE＃10 LE 8
N6＃11＝＃10＊＃10/2
N7 G90 G01 X[＃10] Z[－＃11] F500
N8＃10＝＃10＋0.08
N9 ENDW
N10 G00 Z0 M05
N11 G00 X0
N12 M30
```

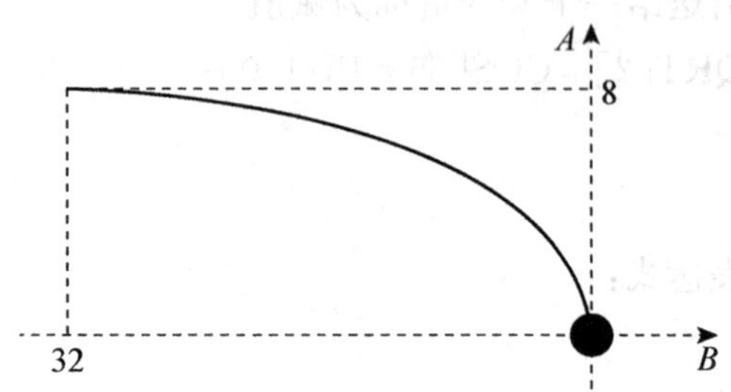

抛物线$B=-A^2/2$在A区间［0，8］

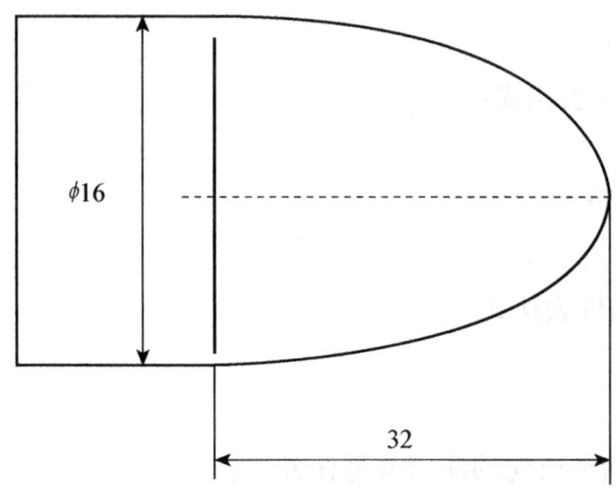

图 6—1 宏程序编制例图

例 2：用宏程序编制如图 6—2 所示零件加工程序。

```
%3402
T0101
G00 X21 Z3
M03 S600
＃10＝7.5           ;A 坐标
WHILE ＃10 GE 0    ;粗加工
＃11＝＃10＊＃10/2 ;B 坐标
G90 G01 X[2＊＃10＋0.8]  F500
```

```
Z[－＃11＋0.05]
U2
Z3
＃10＝＃10－0.6
ENDW
＃10＝0               ;A 坐标
WHILE＃10 LE 8        ;精加工
＃11＝＃10＊＃10/2    ;B 坐标
G90 G01 X[2＊＃10]  Z[－＃11]F500
＃10＝＃10＋0.08
ENDW
G01 X16 Z－32
Z－40
G00 X20.5 Z3
M05
M30
```

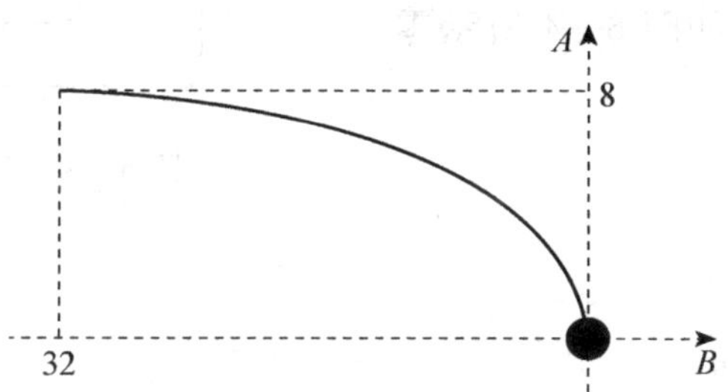

抛物线$B=-A^2/2$在A区间 [0, 8]

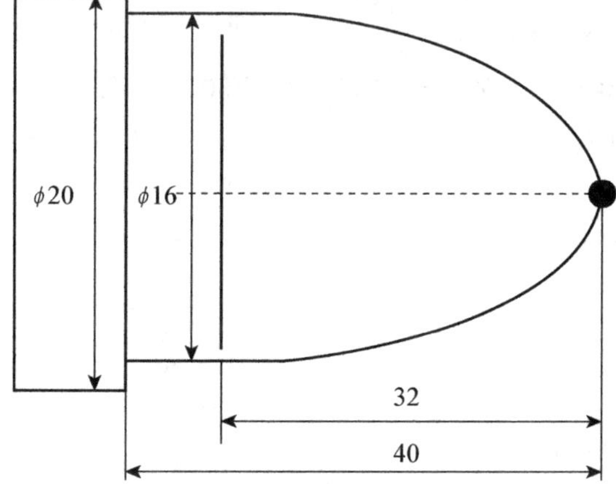

图 6—2　宏程序编制例图

例 3：用宏程序编制如图 6—3 所示零件加工程序。

```
%3403
N1 T0101
N2 G00 X20.5 Z3
N3 #11=12
N4 M03 S600
N5 WHILE  #11 LE 32
N6 #10=SQRT [2*[#11]]
N7 G90 G01 X[2*#10] Z[-[#11-12]]
F500
N8 #11=#11+0.05
N9 ENDW
N10 G01 X16 Z-20
N11 Z-28
N12 G00 X20.5 Z3 M05
N13 M30
```

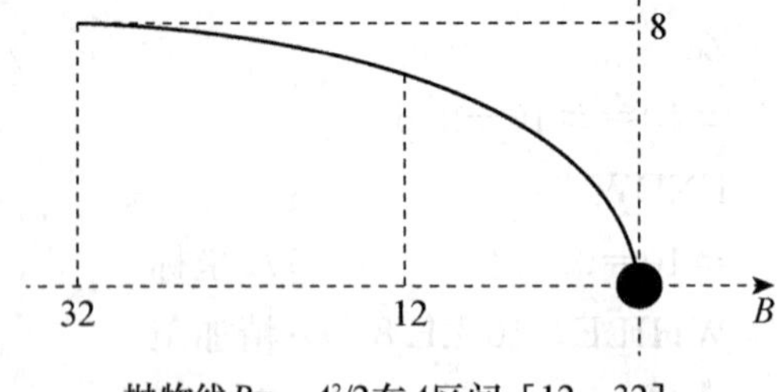

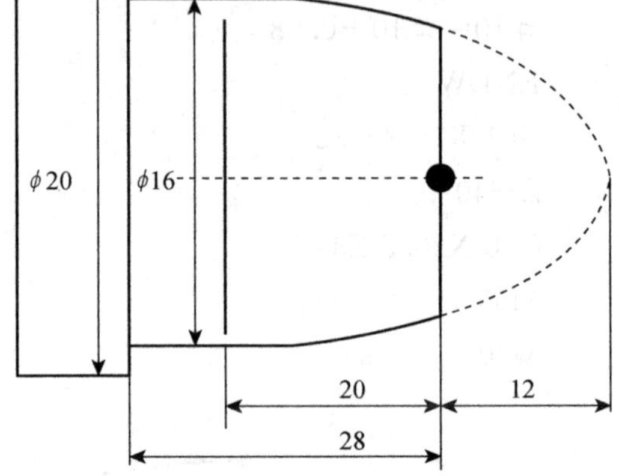

图 6—3　宏程序编制例图

例 4：用宏程序编制如图 6—4 所示零件加工程序。

```
%3404
N1 T0101
N2 G00 X25 Z3
N3#11=12   ;B 坐标
N4 M03 S600
N5 WHILE  #11 LE 32
N6#10=SQRT[2*[#11]]
N7G90G01X[2*#10+6]Z [-[#11-4]]F500
N8#11=#11+0.06
N9 ENDW
N10 G01 X22 Z-28
N11 Z-36
N12 X30
N13 Z-40
N12 G00 X25 Z3 M05
N13 M30
```

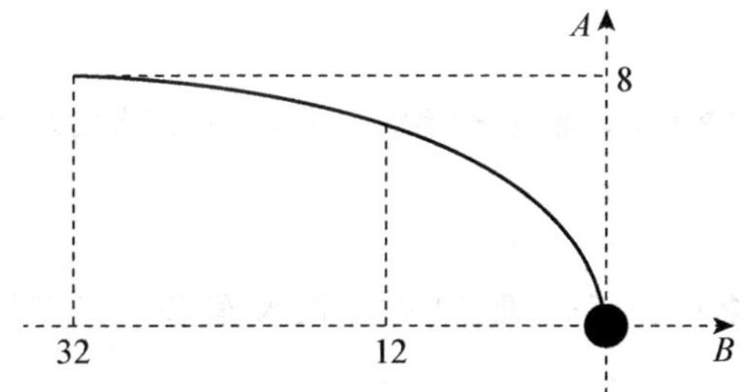

抛物线$B=-A^2/2$在A区间［12，32］

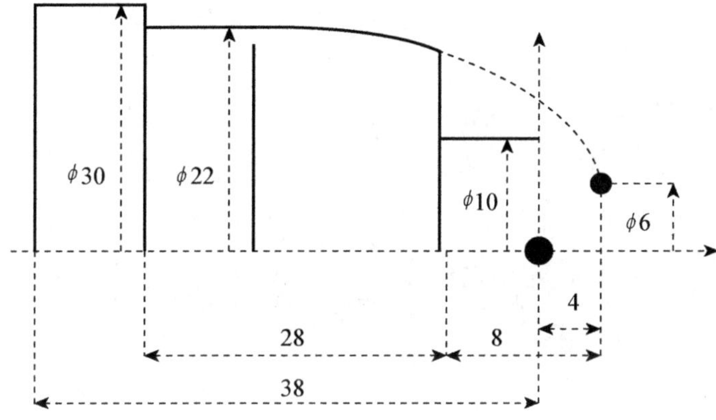

图 6—4　宏程序编制例图

图书在版编目（CIP）数据

数控车床加工技术/金雪龙，李大卫，郝东升主编. —北京：中国人民大学出版社，2014.7
中等职业教育规划教材
ISBN 978-7-300-19441-7

Ⅰ.①数… Ⅱ.①金…②李…③郝… Ⅲ.①数控机床-车床-加工工艺-中等专业学校-教材
Ⅳ.①TG519.1

中国版本图书馆 CIP 数据核字（2014）第 139875 号

中等职业教育规划教材
数控车床加工技术
主　编　金雪龙　李大卫　郝东升
副主编　谭振瑜　杨家敏　梁自成　许华杰　徐　波　张美荣　车国柱　徐大山　吴　锋
参　编　伍日堂　包丽芬　朱敬忠　严吕亮　张继绪
Shukong Chechuang Jiagong Jishu

出版发行	中国人民大学出版社		
社　　址	北京中关村大街 31 号	**邮政编码**	100080
电　　话	010－62511242（总编室）		010－62511770（质管部）
	010－82501766（邮购部）		010－62514148（门市部）
	010－62515195（发行公司）		010－62515275（盗版举报）
网　　址	http://www.crup.com.cn		
经　　销	新华书店		
印　　刷	固安县铭成印刷有限公司		
规　　格	185 mm×260 mm　16 开本	**版　　次**	2014 年 7 月第 1 版
印　　张	7	**印　　次**	2024 年 3 月第 4 次印刷
字　　数	131 000	**定　　价**	22.00 元